Jörg Müller
Und heilt alle deine Gebrechen

Jörg Müller

# Und heilt
# alle deine Gebrechen

Psychotherapie in christlicher Sicht

J. F. Steinkopf Verlag

Stuttgart/Kiel

Die Deutsche Bibliothek – CIP-Einheitsaufnahme

**Müller, Jörg:**
Und heilt alle deine Gebrechen:
Psychotherapie in christlicher Sicht/
Jörg Müller. – 5. Aufl. – Stuttgart, Kiel: Steinkopf, 1998
ISBN 3-7984-0669-3

ISBN 3-7984-0669-3

J. F. Steinkopf Verlag Stuttgart/Kiel
5. Auflage 1998
Alle Rechte vorbehalten
© by J. F. Steinkopf Verlag GmbH
Umschlaggestaltung: Heidi Müller, München
Herstellung: Clausen & Bosse, Leck

# INHALT

Meine Kritik an den heutigen Psychotherapien 7

Gefahren des alternativen Psychomarkts 13

Was uns heute krank macht 18

Die antibiblische Lehre von der Reinkarnation 22

Biblische Therapie bedeutet Umkehrung des Denkens 26

Der Glaube in der Therapie 32

Jede Erkrankung hat eine Bedeutung 37

Der psychosomatische Aspekt in der Bibel 43

Heilung ist zuerst Versöhnung 48

Wie ging Jesus mit Gefühlen um? 52

Das zentrale Doppelgebot der Liebe 58

Ich darf im Schmerz mit Gott ringen 63

Bartimäus als Modellpatient 66

Loslassen und Annehmen als Voraussetzung
zur Kerngesundheit 71

Unterscheidung psychiatrischer und okkulter
Erkrankungen 76

Therapie okkulter Erkrankungen 80

Die praktische Übung der Jesus-Imagination 89

Die Bedeutung des handauflegenden Gebetes 102

Hinführung zum authentischen Beten 105

Ziele der christlichen Psychotherapie 110

Heribert Mühlen, Gebet um Heilung der
Erinnerungen und Erwartungen und um Vergebung 114

Jörg Müller, Gebet um innere Heilung 132

Hans Buob, Erweiterte Tauferneuerung 134

Literatur 139

Bücher von Jörg Müller 141

# MEINE KRITIK AN DEN HEUTIGEN PSYCHOTHERAPIEN

Die Not der Menschen ist groß und nimmt weiter zu. Obgleich in den letzten Jahren eine Fülle neuer Therapiemethoden entwickelt und angewandt wurden, ist keine entscheidende Besserung der Kranken zu vermelden. Der Gang zu den oft teuren Psychotherapeuten, Neurologen, Psychoanalytikern und Ärzten hat oftmals das erhoffte Ergebnis nicht gebracht, und wenn, ist es im Verhältnis zum finanziellen, zeitlichen und psychischen Aufwand meist sehr mager.

Die Hilflosigkeit der Helfer tritt deutlich zutage; die neuesten Veröffentlichungen auf dem Gebiet der Psychiatrie und Psychotherapie lassen immer noch die Ganzheitlichkeit in der Behandlung des Patienten missen; sie bleiben auf der empirischen (meßbaren, nachprüfbaren) Ebene stecken und meiden in der Regel die eigentliche unsichtbare Störung der Psyche, die bei einem überragend großen Teil der Patienten im religiösen Bereich liegt.

Die Tiefenpsychologie scheut sich immer noch davor, eine »Höhenpsychologie« zu werden, also neben dem Liebesverlust auch den zunehmenden Sinn- und Glaubensverlust zum Thema zu machen. Sie beruft sich bei dieser Ausklammerung auf die religiös wertfreie Wissenschaftlichkeit ihrer Arbeit. Es ist längst erwiesen, daß keine Wissenschaft wertfrei sein kann, sondern von weltanschaulichen Überlegungen ausgeht. Der angeblich wertfreie Hintergrund der modernen Psychologie ist vornehmlich materialistisch-atheistisch, das Menschenbild mit dem biblisch-christlichen Verständnis oft nicht vereinbar.

Die Psychoanalyse wird von Fachkritikern wie auch von der noch lebenden Enkelin ihres Begründers, Sophie Freud, sehr in Frage gestellt und steht im wachsenden Kreuzverhör, weil sie die Triebe überbetont, die Kindheit zum alles verursachenden Unheil abstempelt, weil sie die Verdrängung sexueller Wünsche als legitimes Mittel zur Konfliktbewältigung nicht zuläßt und weil sie die Religion eher als einen krankmachenden Faktor mißversteht.

Es ist klar, daß der in seinem Wesen zutiefst religiöse Mensch auf dieser Basis keine Kern-Gesundheit finden kann. Die Therapien beschränken sich meist auf körperliche Symptombehandlung durch Medikamentierung, Kuren, Entspannungsverfahren, auf die Oberflächenbehandlung von Neurosen und Verhaltensstörungen durch endlose Analysen oder Gespräche, die sich scheuen, zum eigentlichen Kern vorzustoßen. Dieser Kern befindet sich vordergründig im Bereich zwischenmenschlicher Störungen, unbewältigter Eltern-Kind-Beziehungen oder sonstwie gearteter Schockerlebnisse; hintergründig verbirgt sich allzuoft ein unerkanntes oder unbekanntes Schuldgefühl Gott gegenüber, eine gestörte Beziehung zum Schöpfer des Lebens, ein Mangel an Selbstvergebung, eine existentielle Angst vor der Hingabe an ein personales transzendentales Wesen.

Viele Therapeuten sind der Auffassung, die Religion sei der Grund solcher neurotischer Denk- und Verhaltensmuster; demzufolge versuchen sie nun, die Religion wegzutherapieren, dabei das Kind mit dem Bad ausschüttend. Die Freudsche Auffassung, das Gottesbild sei die angebetete Projektion menschlicher Wünsche, spukt immer noch in den Köpfen derer, die sich für gesund und aufgeklärt halten, weil sie die metempirische, also nicht sicht- und meßbare Wirklichkeit, besonders die religiöse, für irrelevant, ja sogar für störend halten. Könnte nicht der Unglaube ebenso eine Fehlleistung aus Wunschdenken sein, die erlaubt, den harten Forderungen des verleugneten Gottes auszuweichen und an der Eigenmächtigkeit festzuhalten?

Gewiß kann eine falsche Religiosität krank machen. Sie zu korrigieren wäre Aufgabe des Therapeuten. Es sind nicht wenige, die im Patienten ihre eigene unbewältigte religiöse Vergangenheit, ihre Enttäuschungen mit der Kirche und ihre verdrängte Ablehnung eines Gottes, der leiden läßt, wiedererkennen und nun mitsamt dem Gott weganalysieren wollen.

Ich werfe vielen meiner Kollegen vor, daß sie unter Berufung auf Autonomiefindung, auf Selbstverwirklichung und Eigenverantwortung ihre eigene atheistische Weltanschuung dem Patienten überstülpen, die Wissenschaft kanonisierend. Dabei werden viele Patienten, die ja nur einen unbeschwerteren und vertrauensvolleren Zugang zu ihrem Gott suchen, verunsichert und gehen mit größeren Schuldgefühlen aus der Therapie wieder heraus.

Jenen Kollegen sei gesagt, daß sie nicht verpflichtet sind zu einer christlich orientierten Gott- und Ichfindung; doch sollten sie fairerweise jenen suchenden Mitmenschen in die Kompetenz eines gläubigen Arztes oder Psychologen entlassen. »Nehmen Sie diese Tabletten und hören Sie mit Ihrer Beterei auf«, sagte ein Neurologe zu einer agoraphobischen (unter Platzangst leidenden) Patientin, die erfolglos über ihre Glaubensschwierigkeiten zu sprechen ansetzte. »Ich habe die Nase und den Bauch voll mit Chemie. Jetzt wandere ich seit Jahren von Pontius zu Pilatus, und keiner kann mir helfen. Niemand ist bereit, über meine religiösen Probleme zu sprechen. Ich leide unter einem falschen Gottesbild, habe Schuldgefühle. Der eine diagnostiziert depressive Neurose, der andere sagt, das lege sich von selber; der zuletzt aufgesuchte Therapeut verschrieb mir Tavor. Ich will nichts anderes als eine intakte Beziehung zu Gott und zu mir selbst.« So lautete das telefonische Klagelied eines Jurastudenten, ein typisches Lied, wie ich nach 14 Jahren therapeutischer Praxis feststellen muß.

Es ist nicht zu leugnen: Der Trend in der Psychologie ist als religiös gleichgültig, bisweilen als kirchenfeindlich zu bezeichnen. Dabei wird die Psychologie zur Beurteilung von moralischen Wertvorstellungen herangezogen: in Bereichen der Sexualität, Ehe, Familie, Erziehung, bei Konfliktbewältigungen und Sterbehilfe.

Wir haben weitgehend die Sorge um die religiöse Entwicklung dem Seelsorger zugeschoben; indem wir ihm als dem Amtschristen Aufgaben aufbürden, die zum verantwortlichen Bereich eines jeden Christen gehören, drücken wir uns vor der Verantwortung. Und da der geistliche Seelsorger leider immer noch zu wenig psychologische Sachkenntnisse besitzt, bleibt er letztlich überfordert. So bedarf es christlicher Therapeuten und Ärzte, die über humanistisch orientierte Behandlungsmethoden hinaus den biblischen Begriff der Heilung anwenden: Menschen erfahren auf Grund der Zusage Gottes Heilung und Wiederherstellung ihrer kranken Anteile, und zwar an Leib und Seele, wobei sich der Arzt/Therapeut als Werkzeug dieses heilenden und heiligenden Gottes versteht.

Ich stelle fest: Nicht die Religion im allgemeinen, nicht das Christentum im besonderen machen krank, sondern die falschen

Vorstellungen davon. Dies schlägt sich nieder in lebensfeindlichen »Selbsterniedrigungen«, »Selbstverleugnungen«, die oft als Demut mißverstanden werden, auch in sozialen Leistungsüberforderungen, die als Akte der Nächstenliebe gewertet werden. Die sich daraus ergebenden psychosomatischen Erkrankungen, depressiven Syndrome, Ersatzbefriedigungen und Fluchtmechanismen können zwar durch verhaltens-, suggestions-, chemo- und gesprächstherapeutische Verfahren beeinflußt, aber kaum geheilt werden.

Aber auch die antireligiöse Lebenseinstellung, hier verstanden als Ablehnung einer höheren Macht, führt zur Überbewertung des eigenen Selbst, zu einem Allmachtsgebaren, das keine Menschlichkeit kennt. Wer die Religion als Machtinstrument mißbraucht, wie das gegenwärtig im Iran geschieht, kommt zum gleichen destruktiven Ziel. Ein solcher Mangel an Menschlichkeit kann durch Fehlen geistlicher Fundamente ebenso wie durch überzogene, fundamentalistische Anwendung religiöser Gebote entstehen.

Es gibt in manchen christlichen Kreisen die Unsitte, zu rasch über die Not eines Patienten zu beten, sie sozusagen religiös zu vereinnahmen, ohne sich je die Mühe zu machen, auf die legitimen Gefühle von Wut und Angst einzugehen. Noch schlimmer ist die häufig zu hörende Bemerkung, hinter seelischen Störungen säßen dämonische Mächte. Nicht selten wird dann der Teufel mit dem voreiligen Befreiungsgebet in den kranken Menschen hineingedeutet.

Die Lehre Jesu ist in der Tat eine heilende und heiligende Lehre, die sowohl aufdeckt (Schuldbekenntnis), als auch in Liebe zudeckt (Vergebung), die lösen (loslassen, vertrauensvoll überlassen) und erlösen kann. Keine Religion hat eine solche befreiende Wirkung wie die christliche, da sie mit der Psychologie der Selbstliebe (Vergebung, Selbstannahme), der Buße (Umkehr negativen Denkens, Neuanfang) und der Liebe (Hingabe, Loslassen) den Kern menschlicher Bedürfnisse trifft.

Einer der Gründe dafür, daß die klassischen wie die neuzeitlichen psychotherapeutischen Schulen selbst bei bester Fachkompetenz so geringe Heilungserfolge erzielen, liegt wohl darin, daß sie die geistliche Dimension des Menschen nicht berücksichtigen, ja geradezu ignorieren und mitunter sogar als Ursache

10

infantiler Abhängigkeitswünsche fehldeuten und wegtherapieren.

Wer Gott als seinen liebenden Vater erlebt, ist kerngesund. Er wächst über das persönliche Leid hinaus; er kann sich selber bejahen und dadurch auch den anderen annehmen, unabhängig davon, ob er auch körperlich geheilt wird.

Im Verlust der heilen Gottesbeziehung liegt eine der Hauptwurzeln für die Krankheiten; dies wird besonders deutlich bei den zunehmenden Störungen durch Beschäftigung mit Okkultismus, Spiritismus und Magie. Hier greifen die klassischen Therapieformen nicht. Ich komme später noch darauf zu sprechen.

Das Wort »Therapie« bedeutet ursprünglich »Anbetung«, »Dienst« und dann auch davon abgeleitet: »Heilung«, »Wiederherstellung«. Therapeut zu sein heißt demnach: Ich diene als Werkzeug Gottes dem leidenden Mitmenschen mit meinem fachlichen Wissen und Können. Ich weiß mich von Gott beauftragt und suche in Gebet und Schriftlesung um Erkenntnis, Unterscheidung und Kraft. Dabei bin ich nicht der stets Gesunde, sondern immer auch der erlösungs- und heilungsbedürftige Partner, der mit dem Patienten zusammen ein Stück des neuen Weges geht.

Die herkömmlichen Suchttherapien weisen eine Rückfallquote von 70 % auf. Das ist nicht ermutigend. Die Rückfallquote bei der christlich ausgerichteten Therapieform von Teen Challenge beträgt nur 20 %. Das läßt sich nicht allein dadurch erklären, daß Teen Challenge in seinen Therapiezentren in aller Welt nur freiwillige Suchtpatienten annimmt. Hier dürfte auch Jesus selber am Werk sein, dem sich alle Ärzte und Psychologen dieser christlichen Einrichtung verschrieben haben.

Allerdings muß davor gewarnt werden, religiöse Umkehr durch gruppendynamische Manipulationen erreichen zu wollen. Wer zu früh oder zu schnell in eine geistliche Euphorie gerät, muß mit einem heftigen Rückfall rechnen.

Christliche Therapie kann nicht heißen, daß gegen den Willen eines Menschen vorgegangen wird. Wer ausdrücklich jeglichen religiösen Akzent ausgeklammert wissen will, wird respektiert. Er beraubt sich damit möglicherweise einer wesentlichen Erkenntnishilfe. Doch weiß ich aus Erfahrung, und dies bestätigt die Aussage C. G. Jungs, daß es kaum einen Menschen jenseits des 40. Lebensjahres gibt, dessen Problem nicht ein zutiefst religiöses wäre. Und die Tatsache, daß solche Menschen keinen Weg scheuen, um einen gläubigen, geistlich erfahrenen Therapeuten/ Seelsorger zu konsultieren, beweist die Notwendigkeit christlich geprägter Beratungs- und Therapiezentren. »Ich, der Herr, bin dein Arzt«, sprach Gott zu Moses (2 Mos 15,26).

Christliche Therapie, wie ich sie in diesem Buch vorstellen möchte, verspricht keine endgültige Befreiung von seelischen, körperlichen oder geistlichen Störungen. Weder Gebete noch Sakramente sind eine Garantie für die Vermeidung unangepaßter Verhaltensformen. Doch ist dem Christen versprochen, daß nichts ihn gegen seinen Willen von der Liebe Christi trennen könne. Und: Bei Gott gibt es keine Sinnlosigkeit. »Oft gibt ein Tropfen Sinnverständnis mehr Trost und Kraft, mehr Mut und Phantasie zur Bewältigung als ein ganzes Faß von psychologischer und psychiatrischer Gelehrsamkeit«, schreibt Albert Görres in seinem lesenswerten Buch »Kennt die Religion den Menschen?«

Viele Kollegen versuchen mit allen ihren verfügbaren Kräften dem Patienten zu helfen, fühlen sich aber verunsichert, wenn dieser religiöse Probleme anspricht. Da sie oft selber keine geistliche Heimat haben, stoßen sie hier an ihre Grenzen. Einige anerkennen ihre Grenzen und verweisen an einen gläubigen Kollegen; andere laborieren am Eigentlichen vorbei. Die Behauptung, Religion sei dem Wunschdenken des ohnmächtigen Menschen entsprungen, läßt sich schon dadurch widerlegen, daß keine Religion (außer den Pseudoreligionen) dem Wunschdenken gerecht wird. Und weil sie mitunter unbequem sein kann, wird sie irrigerweise für falsch, neurotisierend oder ein Machtinstrument der Kirchen gehalten. Angst und Wunschdenken können ja auch zum Atheismus motivieren.

Es ist begrüßenswert, daß Ärzte und Psychologen in Egenhausen/Schwarzwald eine Klinik für christliche Psychiatrie und Psychosomatik (IGNIS-Fachklinik GmbH) errichtet haben. Das tut schon lange not. Daß es ausschließlich freikirchliche Christen sind, mag manchen stören. Doch wo bleiben die Amtskirchen bei solchen notwendigen Einrichtungen? Ich finde es bedauerlich, daß in den von kirchlichen Gemeinschaften geführten Krankenhäusern und Therapiezentren kaum christliches Gedankengut in die Therapie mit einfließt. Beten am Bett des Patienten, Gespräche über seine geistlichen Nöte, handauflegendes Beten in der kleinen Gruppe sind in solchen Häusern immer noch exotisch anmutende Randerscheinungen. Die Notwendigkeit, auf die geistlichen Bedürfnisse der Mitmenschen einzugehen, ist von Sekten, unverbindlichen Religionsgemeinschaften, esoterischen Gruppen und außerkirchlichen Vereinigungen längst erkannt und kreativ angegangen worden. Mir scheint, daß man in unseren eigenen christlichen Kreisen eher etwas über das Spar- und Gehaltskonto erfährt als über das Gebet und Glaubensleben.

Ständige Anfragen von Psychologie- und Theologiestudenten, wo sie eine christliche Psychologie und Therapie vermittelt bekämen, haben mich zu diesem Buch motiviert. (Christliche Therapie wird übrigens als Blockseminar im Katholischen Evangelisationszentrum in Maihingen bei Nördlingen vermittelt.)

Wohlgemerkt, der biblisch arbeitende Therapeut muß selber stets bemüht sein, Christus ähnlich zu werden, sonst läuft er Gefahr, mehr funktionell als spirituell vorzugehen. Denn gerade der Funktionalismus ist es, der das Christentum zerstört und ihm sowohl Spontaneität als auch Risikofreude nimmt. Dieses Buch will den Weg weisen zu einem lebendigen Glauben, frei und erlöst von Verbissenheit, frei von Angst vor der Sünde, von Engstirnigkeit und Sektierertum.


## GEFAHREN DES ALTERNATIVEN PSYCHOMARKTS

In den letzten 20 Jahren erleben wir einen explosionsartigen Psychoboom mit längst unüberschaubar gewordenen Angeboten. Es geht da zu wie auf einem Markt, auf dem der Konsument an verschiedenen Ständen seine Bedürfnisse befriedigen kann: Superlearning, Gurdjeff-Ouspensky-Seminare, Primärtherapie nach Janov, Astrologische Analyse, Gestalttherapie, Gordon-Familientraining, Danja-Bewegungstherapie, Hakomi, Rebirthing, Thai-Heilmassage, Huna Vita, Rolfing, Arkanum, Sufi, Esoterisches Heilen, Metapsychische Selbsterfahrung, Tai Chi

Chu'an, Tantra... (Dies sind die Angebote aus dem Monatsheft »Psychologie heute« vom Oktober 1988.)

Es fällt dem Laien wie auch dem Fachmann schwer, hier seriöse und unseriöse, heilende und krankmachende Methoden zu unterscheiden. Der gemeinsame Hintergrund dieses Booms ist die »Humanistische Psychologie«, die in den 50er Jahren in den USA entstanden ist. Allerdings muß differenziert werden zwischen den Anliegen der ursprünglichen Begründer Carl Rogers, Abraham Maslow, Charlotte Bühler u. a. und den Motiven heutiger Trittbrettfahrer. Die Humanistische Psychologie ist stets eingebunden in eine weltanschauliche Dimension, die sich oftmals mit dem christlichen Menschenbild nicht deckt.

Es würde den Rahmen dieses Buches sprengen, wenn ich nun auf jede einzelne Strömung genauer einginge. Wer eine bewußt christlich ausgerichtete Therapie sucht, soll sich den Therapeuten bzw. Trainer genau anschauen. Welche Weltanschauung vertritt er? Wie ernst nimmt er meinen christlichen Glauben? Fühle ich mich unter seiner Führung im Einklang mit meinem Gewissen? Eine fromme Atmosphäre allein, in der auch Gebete eine Rolle spielen mögen, erfüllt noch nicht die Bedingung für die biblische Ausrichtung auf Gott. Zuviele Pseudo-Gurus und falsche Propheten tummeln sich auf diesem Psychomarkt und bieten im Deckmantel einer befreienden Religion fragwürdige Methoden an. In der Transpersonalen Psychotherapie spielt die Religion eine ganz wesentliche Rolle. Sie will den Menschen zur Bewußtmachung seines übernatürlichen Wesenskerns führen, wobei das Göttliche in ihm selber und führende Geistwesen ins Spiel gebracht werden. Zu Vertretern der Transpersonalen Psychologie zählen Bhagwan Rajneesh, Stanislav Grof, Graf Dürckheim, Scientology Church, die Gemeinschaft Synanon, Werner Erhard, Otto Mühl, um nur einige zu nennen. Auch hier muß zwischen Spreu und Weizen unterschieden werden.

Sie alle verstehen sich als Sinnvermittler säkularen Charakters, obgleich die religiösen Anteile allzuoft nur synthetische Versatzstücke sind: »Das Christentum hat versagt, ist voller Widersprüche und muß durch diese neue Psychologie ersetzt werden.« Auffallend an der Humanistischen Psychologie ist ihr Subjektivismus, der besagt: Du selbst bist dein Erlöser! In dir selbst liegt der Sinn; du selbst kannst zum Gott werden.

Daß diese Lehre Hoffnung weckt und manchen verklemmten Christen begeistert, überrascht nicht. Kann ich doch nun endlich in freier Selbstbestimmung meine Triebe entfalten, unabhängig von einem göttlichen Schöpfer und frei von der Last der eigenen Vergangenheit mein Ich verwirklichen. Wo Christen versagen und ihre Erfahrungen mit Gott nicht weitergeben, weil sie Angst vor Ablehnung haben oder vor lauter Unruhe gar keine Gotteserfahrungen machen können, blüht das esoterische Angebot des »Hier und Jetzt«, das Versprechen, tiefe mystische Erfahrungen in sich selbst freizulegen.

Das Gefährliche an den neuen therapeutischen Angeboten ist ihre Vermischung mit christlichen Werten. Diese Vermischung und die Tatsache, daß manche katholischen und auch evangelischen Bildungsprogramme biblisch orientierte und zugleich antichristliche Seminare anbieten, führt zu einer ungeheuren Verwirrung.

Viele Seminarteilnehmer sind angetan von der liebevollen Atmosphäre, von dem überwältigenden Gefühl der Geborgenheit, das sie z. B. im Ashram des Bhagwan erleben. Allein diese positive Erfahrung öffnet das Herz der Betroffenen für das Heilsangebot des ehemaligen Hochschulprofessors Rajneesh. Dabei wird jede Kritikfähigkeit ausgeschaltet, so daß die Gefährlichkeit der verschiedenen Selbsterfahrungstechniken wie z. B. der Kundalini-Übung nicht erkannt wird. Realitätsentfremdung, Abhängigkeit, Ausbruch psychotischer Erkrankungen und Verstrickung in außerchristliche Religionen sind bei vielen Anhängern zu beobachten.

Die neue scheinreligiöse oder mystisch-esoterisch verbrämte Psychowelle züchtet Süchtige. Ich kenne einige dieser Therapiependler, die sich am Wochenende das Erlebnis der Selbstzerfließung holen und ihr »feeling« auf das ozeanische Verschmelzungsgefühl einstellen. Ich empfehle die Lektüre des sehr spannenden Buches »Die Faszination des Übersinnlichen« von Hans Rohrbach, in dem die Geschichte der Renate wiedergegeben ist, eines jungen Mädchens, das so ziemlich den ganzen Psychomarkt durchforstet hat, um das »Wesentliche des Lebens« zu finden. Ausgehend von der östlichen Weisheitsschule des Russen Gurdjeff, praktizierte sie das Hyperventilieren, islamische Tänze, walking-meditation, nahm Drogen, begegnete dem Guru Sai Baba und war in der »Schule« von Frau Dr. Dina Rees, der Schirmherrin der deutschen Sai Baba-Anhängerschaft, erfuhr erstmals etwas über die Akasha-Chronik, wurde magersüchtig und suchte Heilung in einem Heim für Lebenserneuerung bei Tuttlingen, ließ sich von einem Medium Fragen beantworten und geriet immer tiefer in okkulte Bindungen. Danach landete sie in der anthroposophischen Stoffwechsel-Klinik in Lahnstein, wo sie den Arzt vergeblich um ein religiöses Gespräch bat. Auch beim anschließenden Aufenthalt in einer Nervenklinik stieß sie auf taube Ohren, als sie bat, von ihren okkulten Bindungen durch Gebet befreit zu werden. Erst eine Therapie in der Klinik Hohe Mark in Oberursel half ihr. Dort beteten die Ärzte mit ihr; dort konnte sie bei einem Priester beichten gehen. Und sie wurde gesund.

Die Menschen, die sich enttäuscht von den Kirchen abwenden, um dann ihr Glück und ihre Heilung bei den alternativen »Seelsorgern« zu suchen, dürfen nicht als »Abgefallene« mißverstanden werden. Sie sind die Opfer einer areligiösen Umgebung oder einer lebensfeindlich eingestellten Unchristlichkeit. Ihnen muß gesagt werden, daß es innerhalb ihres christlichen Glaubens einen Weg zur Selbst- und Gottfindung gibt. Indem man ihnen einen Zugang zu Gebetsgruppen Gleichaltriger verschafft oder (wenn dieser Schritt noch zu früh ist) die Therapie bei christlichen Ärzten oder Psychologen ermöglicht oder sie in die Obhut eines verstehenden, väterlichen bzw. mütterlichen Wegbegleiters gibt, kann in ihnen eine neue Sehnsucht nach Jesus aufbrechen. Denn die wirkliche Selbstbefreiung besteht nicht im ständigen Bemühen, sich selbst zum Erlöser hochzumeditieren, sondern sich ganz in die Arme Jesu zu werfen. Begleitende Maßnahmen sind nicht Drogen, Trance oder Kundalini-Übungen, sondern je nach psychosozialer Konfliktsituation verhaltenstherapeutische Schritte, Gesprächstherapie, Entspannungsverfahren und das Gebrauchtwerden in einer intakten Gemeinschaft.

Bei aller Kritik an den Psychotechniken der Humanistischen Psychologie muß erwähnt werden, daß auch manches davon hilfreich ist: So kann der Mensch sensibilisiert werden für das Leid des anderen; er kann zu einer größeren Bejahung seines Körpers gelangen, zu einer Annahme seiner Gefühle und Grenzen. Doch dies, so meine ich, läßt sich bei der richtigen Auslegung der biblischen Angebote und bei ehrlicher Anwendung christlicher Werte ebenso erreichen, jedoch unkomplizierter, billiger und wahrscheinlich wirksamer.

Die unterschiedlichen therapeutischen »Schulen« beruhen auf einer bestimmten Deutung von Mensch und Welt, die der Hilfesuchende nicht immer ohne weiteres durchschauen kann. Die transpersonale Psychologie zum Beispiel ist auf die östlich-esoterische Religiosität eingeschworen, während die von mir vertretene Seelsorge von der Wahrheit des christlichen Glaubens ausgeht. So will der Helfer immer auch von einer bestimmten Weltanschauung aus helfen; nicht allein Fachkenntnisse und Methoden bewirken Veränderung, sondern auch weltanschauliche Konzepte. Nicht immer sind die alternativen oder unchristlichen Therapieschulen gefährlich. Aber Gefahr droht dann, wenn der Versuch gemacht wird, Illusionen mit der Realität in Einklang zu bringen. Eine solche Illusion stellt aber die Behauptung dar, daß sich jeder Therapiesuchende von allen Angeboten selber das heraussuchen kann, was ihn weiterbringt. Hier wird nicht der Gedanke erwogen, daß manche Therapieangebote auch schädlich sein können.

Christliche Psychotherapie verspricht weder Bewußtseinserweiterung noch die totale Erfüllung, weder Selbstbefreiung noch das Einswerden mit kosmischen Kräften. Solche Ziele sind illusionär, kennzeichnen aber vielfach alternative Therapieformen.

Therapien, die mehr als die Verarbeitung des konkreten Leids versprechen, und die auch länger als ein Jahr dauern, zielen womöglich auf unrealistische Veränderungen hin. (Man beachte die kritische Auseinandersetzung von Dieter E. Zimmer mit der endlosen Psychoanalyse in seinem Buch »Tiefenschwindel«.)

Es gilt die Regel: Therapeut und Patient sollten ihre weltanschaulichen Auffassungen teilen, d. h. gemeinsam haben. Andernfalls gerät der Hilfesuchende unter eine unerwünschte weltanschauliche Beeinflussung, die über das eigentliche therapeutische Ziel hinausgeht. Ein Christ wird sich, sofern er eine umfassende Heilung sucht, einem Therapeuten anvertrauen, bei dem er sich angstfrei und im Wissen um die gleiche religiöse Ausrichtung artikulieren kann. Beide sind auf Gott hin ausgerichtet; beide wissen, daß der Glaube den Alltag erfüllen und daß ein verzerrter Glaube krank machen kann. Wo allerdings der Glaube an

Jesus Christus keine tragende Kraft mehr hat, kann es geschehen, daß der Betreffende sich immer mehr in den Ersatzglauben an die Erlösung durch eine bestimmte Psychotherapie versteigt. Dann werden auch rasch die Therapeuten zu Göttern, denen man sein Opfer darbringt.


## WAS UNS HEUTE KRANK MACHT

Die jahrelange Beschäftigung mit Menschen, das Vordringen in ihre tiefen seelischen Schichten haben mich zu der Erkenntnis geführt, daß die Glaubensungewißheit Quelle vieler Störungen ist. Da Glaube mit Liebe zu tun hat (galaubjan = lieb haben, credere = sein Herz geben), bedeutet der Glaubensverlust zugleich Liebesverlust. Damit wird auch die Sinnfrage (sin = Weg) angeschnitten, die vielen Menschen schwer zu schaffen macht. Die Unfähigkeit, vorhandene Störungen zu hinterfragen, Schmerz bedingt auszuhalten, Konflikte fair auszutragen, sein Leben einem liebenden Gott anzuvertrauen und sich als dessen einmaliges, begabtes Geschöpf anzunehmen, produziert persönliches und kollektives Leid. Dieses Leid ist nicht als Strafe Gottes, sondern als pädagogisch sinnvolle, logische Folge unseres Fehlverhaltens zu sehen.
Wo der Glaube an eine sinnvolle transzendentale und personale Macht fehlt, entsteht Angst vor Hilflosigkeit, Verwundbarkeit, Liebesverlust, Unverbindlichkeit. Daraus erwachsen die Übertreibungen ihrer gegenteiligen Werte, sozusagen als überkompensatorische Verdrängungsmuster: Aus Hilflosigkeit wird Überfürsorge, aus Verwundbarkeit Aggression, aus Liebesverlust Herrschsucht, aus Angst vor Verbindlichkeit Untreue oder Unzuverlässigkeit. Im Grunde werden die Werte pervertiert (verkehrt): Statt wahre Intimität zu suchen, zielen wir auf Bewunderung; statt die Menschen so anzunehmen, wie sie sind, wollen wir von ihnen glücklich gemacht werden dadurch, daß sie sich nach unseren Wünschen richten. Liebe wird erkauft durch Erfolg, Reichtum, Macht, Sexualität, auch durch übertriebene Anpassung und Unterwerfung.
Krank macht auch das nie erlebte Gefühl des Geliebtseins. Viele

Menschen saßen schluchzend und zitternd vor mir, dem Selbstmord nahe, weil sie von ihren Eltern abgelehnt, von ihren Vätern sexuell mißbraucht oder von ihrer Verwandtschaft in eine Aschenputtelrolle gedrängt wurden. Wo Liebe fehlt, wird auch das Vertrauen zerstört, eingeschlossen das Vertrauen in den angeblich liebenden Gott. Hier kann eine Therapie auch beim Therapeuten an die Substanz gehen; viele sind überfordert: Die rein humanistisch geprägten Kollegen laufen jetzt Gefahr, eine Methode nach der anderen auszuprobieren, und die einseitig christlichen Kollegen reduzieren die Therapie auf das Gebet.

Auch kommt es vor, daß wir Phantasiebilder in den anderen hineinprojizieren. Wir lieben die Wunschbilder, nicht die Menschen. Eine so entartete Beziehung ist zum Scheitern verurteilt: »Du bist ja genauso wie die anderen, ich bin enttäuscht«, lautet die frustrierte Artikulation einer selbstgemachten Täuschung. Das Bewundertwerdenwollen scheint mir eines der Symptome zu sein, das zum Syndrom des Glaubens- und Liebesverlustes gehört. Wer bewundert wird, fühlt sich stark. Das Gefühl wird fatalerweise mit Liebe verwechselt. Die Bewunderung, die ihren Ausdruck in dem Satz »Ich bete dich an« findet, gebührt allein Gott.

Der so denkende und fühlende Mensch lehnt sich selber ab; sein schwaches Selbstwertgefühl kann nur ausgehalten und kompensiert werden durch das Empfinden des Bewundertwerdens. Dazu bedient sich so mancher Mensch gewisser »Tricks«: Kosmetische Faltenentfernung (face-lifting), um jung zu wirken; Solarien, um stets braun zu sein; ausgefallene und teure Markenartikel, um modern zu erscheinen… Wer das Maß verliert und diese Äußerlichkeiten zum Aufwerten seines Selbstgefühls braucht, lebt nicht; er wird gelebt. Die Mode, die Technik, die Medien diktieren ihm, dem Abhängigen, was gerade zum Bewundertwerden »in« ist. Die sich einschleichende Sinnleere wird nicht immer spürbar, bis plötzlich die Sehnsucht nach einer Sinn-Lehre aufbricht. Statt sich nun der eigenen, verlorengegangenen christlichen Religion neu zu besinnen, erfolgt dann vielleicht eine Hinwendung zu neuheidnischen Sekten und esoterischen Gruppen. Warum?

Erstens: Sie bieten eine scheinbar plausible und attraktive Begründung für das Unheil in der Welt an: Sie lehren die Reinkarnation, nach der jeder so oft wiedergeboren wird, bis er erlöst in der Allseele aufgeht. Nach dieser Lehre, auf die ich noch näher eingehe, benötige ich keinen Gott; der ist in mir selber; ich kann mich selber erlösen und bin unabhängig von der Gnade irgendeines allmächtigen Gottes.

Zweitens: Zuviele Christen schlafen, privatisieren ihren Glauben und sehen in der Frohen Botschaft eher eine gegen ihren Wohl-Stand gerichtete bedrohliche Nachricht: Sie sind nicht bereit, ihre Konsumhaltung einzuschränken, ihren Überfluß abzugeben, ihr Leben auf Gott einzustellen und dafür auch unter Umständen Ablehnung einzustecken. Oder: Sie versuchen in verkrampfter Eigenregie heilig zu werden. Das schreckt ab und läßt die Suchenden vermuten, daß die christliche Botschaft insgesamt lebensfremd ist.

Der Seelsorger muß hier richtigstellen. Es gibt zu viele ekklesiogene, d. h. durch mißverstandenen Glauben und durch Fehler der Kirche bedingte Neurosen. Es gibt aber auch die iatrogenen Störungen, d. h. durch falsche, unsensible Reaktionen und Äußerungen des Arztes verursachte Erkrankungen.

Vor allem muß der Irrtum ausgeräumt werden, die Hingabe an Gott mache das Leben nun freudloser, asketischer und unberechenbarer. Aus diesem Mißverständnis heraus versuchen nämlich nicht wenige Menschen, einen Kompromiß zu leben: Gott zu lieben und gleichzeitig »möglichst viel vom Leben zu haben«. Daß dies nicht geht, spüren sie selber am bleibenden Unbehagen angesichts ihrer geteilten Lebenshaltung und gespaltenen Gefühle.

Was kommt dabei heraus? Gutwillige Durchschnittschristen, die in die Kirche gehen, aber sich und dem anderen auf die Nerven fallen! Weil sie stets mit Willenskraft ihre Laster und Launen zu bezwingen versuchen, reagieren sie gereizt oder stumpfsinnig, kleinlich und intolerant.

Krank macht die falsche Religion, die Gesetzlichkeit, das bedrohliche Gottesbild, das schon in Kindheitstagen gefügig machen sollte. Viele Jugendliche tun sich schwer, Herz und Verstand in Einklang zu bringen. Das Gefühl, stets etwas leisten zu müssen, um geliebt zu werden, führte bei ihnen zu einer Überbewertung des Intellekts, der Sachleistung, der Äußerlichkeiten. Diese Entfremdung aber spürend, zeigen heute wieder viele junge Menschen eine Sehnsucht nach einer harmonischen, ganzheitlichen Jesus-Beziehung. Christliche Wohn- und Lebensgemeinschaften sind sehr gefragt. Immer mehr Menschen begreifen, daß die Menschlichkeit erst dort gegeben ist, wo religiöse Werte gelebt werden; das können auch buddhistische, jüdische, moslemische oder hinduistische Werte sein. Doch ist das Christentum mit seinem menschgewordenen Gott mehr als andere Religionen für ein ganzheitliches Menschsein geeignet: Es ist die einzige Religion, die die Feindesliebe, die gegenseitige unbedingte Vergebung und die Überwindung des Bösen durch die soziale, politische, religiöse Tat lehrt, vorweggenommen im Tod und in der Auferstehung Jesu Christi.

Wer das lebt, wird innerlich reich. Denn was krank macht, ist die innere Leere, die gefüllt sein möchte mit sattmachender Nahrung, nicht mit flüchtigen Ersatzfüllungen. »Wer zu mir kommt, wird nie mehr hungrig sein. Wer mir vertraut, wird keinen Durst mehr haben« (Joh 6,35).

Gestörte Selbstannahme und Liebesdefizite verraten sich bisweilen auch im gestörten Eßverhalten: Der Freß- und Kotzsüchtige, der Bulimiker, lehnt Teile seiner Person ebenso ab wie der Magersüchtige, der Anorektiker. Beiden ist gemeinsam, daß sie sich »zum Fressen nicht gern haben« und das Leben letztendlich zum Kotzen finden. Die sich ausbreitenden Eßstörungen, die bei jedem vierten Bundesbürger zum berüchtigten Kummerspeck führen, geben verschlüsselt wieder, was dem Menschen zutiefst fehlt: der innere Frieden, das Vertrauen in ihren Gott, das Loslassenkönnen. Jesus nennt dies das »Brot des ewigen Lebens«.

Getrieben von dem Verlustempfinden machen sich nun einige Menschen auf den Weg nach der Suche ihres fehlenden Puzzles. So geraten nicht wenige in die lieblichen Irrgärten esoterischer und okkulter Machenschaften.

Jeder Kranke darf wissen, daß er schwach, traurig, ängstlich sein darf. Die Aufforderung, sich zusammenzureißen, zu beherrschen, auf die Zähne zu beißen und durch Willenskraft den Zustand zu ändern, muß unterbleiben.

Die Meinung, möglichst viel vom Leben haben zu müssen, ist fatal: Sie verführt zur sofortigen Triebbefriedigung, zur reduzierten Menschlichkeit: Ich bin, was ich habe. Jedes Kind, jeder Kranke, jeder Heilige belehrt uns eines Besseren: »Leben in

Fülle« heißt demnach nicht: alles haben können (äußerer Reichtum), sondern alles loslassen können (innerer Reichtum). Der heile Mensch ist ein Mensch, der nicht nach Bewundertwerden Ausschau hält, weil er sich liebenswert weiß. Er verdrängt nicht seine Schwächen, weil er sich von Gott um dieser Schwachheit willen geliebt weiß. Er vertraut ihm die Führung seines Lebens an, weil er dann freier und froher er-leben kann.

Krank macht also der Glaubens-, Liebes- und Sinnverlust. Der verlorene Anteil will ersetzt werden, wobei viele Menschen zu billigen Prothesen greifen: So wird der Glaube durch Irr- oder Aberglauben ersetzt; die Liebe durch sexuelle oder narzißtische Verhaltensformen; der Sinn durch hausgemachte, pseudowissenschaftliche Ideologien bis hin zum Non-Sens, dem Un-Sinn.

Der Organismus des Menschen wehrt sich eines Tages gegen diese Prothesen. Medikamentöse Therapien gegen Schmerzen und Funktionsstörungen des Körpers können bei gleichzeitiger Bewußtmachung dieses Mangels sinnvoll sein. Arzt, Psychologe und Seelsorger ergänzen sich. »Geh und zeige dich dem Priester«, sagte Jesus, nachdem er einen Aussätzigen geheilt hatte. (Mt 8,4) Der geistliche Seelsorger hatte das letzte, prüfende Wort.


## DIE ANTIBIBLISCHE LEHRE VON DER REINKARNATION

Immer mehr Menschen, darunter auch Christen, haben sich der Idee von der Wiederverkörperung auf Erden angeschlossen, weil sie darin endlich eine vernünftige Erklärung für das Elend auf der Welt sehen und im übrigen ihr künftiges Leben durch entsprechenden Lebenswandel beeinflussen können.

Diese so verbreitete Lehre von der Seelenwanderung ist aber falsch. Die buddhistisch-hinduistische Auffassung von Karma und Reinkarnation hat im Ursprung niemals gelehrt, daß der Mensch durch ein einwandfreies Leben ein gutes Karma erzeugen sollte. Vielmehr sollte der Mensch gar kein gutes oder böses Karma produzieren: Hier haben sich offenbar westliches Denken und östliche Lehre vermischt. Denn was da wandert, ist nicht die individuelle Seele, sondern das unpersönliche, nicht individuelle Atman. Und das sorgt nicht für ein persönliches Weiterleben. Selbst die Götter unterliegen diesem Karma-Gesetz und können ihm keinen Einhalt gebieten.

Man kann auf diesem Weg des Vergeltungsprinzips allenfalls ein Gott werden, aber kein Erlöser. Die Lehre von Karma und Reinkarnation ist kein Heilsweg, sondern eher eine Daseinsanalyse. Durch Yoga will man diesem endlosen und unerfreulichen Kreislauf entgehen, indem man durch Bewältigung aller Stufen zum Nirwana, zum Nichts, gelangt, d. h. zur Verschmelzung mit der Allseele. Während der Hinduismus meint, jeder müsse sein eigenes Schicksal ertragen und demzufolge auch seine Fehler selber wiedergutmachen, kennt der Buddhismus die stellvertretende Sühne durch freiwilliges Ertragen fremden Karmas. In diesem Punkt fand eine Aufweichung des Buddhismus statt und eine gewisse Annäherung an die christliche Lehre, nach der Christus selber das Karma der Welt trägt.

Gemeinsam ist also beiden die Erkenntnis, daß der Mensch erntet, was er gesät hat, jedoch nicht in einem immer wiederkehrenden Kreislauf, sondern in einem einmaligen, unwiederholbaren Leben. »Es ist dem Menschen gesetzt, einmal geboren zu werden und zu sterben!« (Hebr 9,27)

Doch sehen viele Menschen im Gedanken der Seelenwanderung eine plausible Erklärung für das Leid in der Welt: Da ein Gott der Liebe das Leid nicht verursachen könne, muß es die Folge eines schuldhaften früheren Lebens sein. Jeder Leidende hat seine Suppe selber auszulöffeln und muß einen moralisch besseren Lebenswandel führen, um im nächsten Leben eine höhere Daseinsform zu erreichen. Doch genau diese Auffassung widerspricht sowohl der christlichen als auch der hinduistisch-buddhistischen Lehre. In der Antike des Christentums hat der Reinkarnationsgedanke nie einen besonderen Platz eingenommen. Er war so unbedeutend, daß die Kirche auch niemals offiziell dagegen aufzutreten brauchte. Die Behauptung, in früheren Texten der Bibel habe der Gedanke von der Wiederverkörperung seinen Platz gehabt und sei später herausgestrichen worden, ist eine glatte Lüge. Wahr ist, daß gnostische Gruppen im frühen Christentum die Reinkarnation lehrten; sie trennten sich aber bald von der Kirche. Auch findet man sie im islamischen Sufismus und in der jüdischen Kabbala.

Im westlichen Denken heute hat sich eine Vermischung breitgemacht, die eine Wiederverkörperung lehrt als Mittel zum evolutionären Aufstieg der gesamten Menschheit. Reinkarnation nicht als östlicher Alptraum, sondern als westlicher Fortschrittsoptimismus. So ist die Reinkarnationslehre dann doch noch zum Heilsweg geworden, was sie ursprünglich nie war, und schlägt sich auch im Osten immer mehr in dieser Interpretation nieder.

Immer wieder ist von sogenannten Regressionshypnosen zu hören, in denen Personen mittels hypnotischer Techniken in ihr angeblich früheres Erdenleben zurückversetzt werden und Kenntnisse preisgeben, die nicht normal erklärbar sind. So will man traumatische Erlebnisse aus früherem Leben durch Bewußtmachung löschen, damit sie nicht weiterhin Schaden in der Seele dieses Menschen anrichten. So gibt es Parallelen zur Psychoanalyse. Während diese die Ursache körperlicher Störungen in unverarbeiteten Kindheitskonflikten sucht, führt die Reinkarnationstheorie körperliche und seelische Störungen auf körperliche Verletzungen und Schocks in früheren Daseinsformen zurück. So kann eine chronische Halserkrankung die Folge einer Enthauptung sein; Muttermale sollen demnach Stellen sein, wo Gewehrkugeln, Messer oder andere Objekte gewalttätig eingedrungen sind.

Daß hier vielmehr Wissen der Vorfahren auf genetischem Weg weitertransportiert und freigelegt wird oder Erinnerungsfetzen früh erworbener Informationen konfabuliert (zusammengedichtet) werden, wollen die Verfechter dieser Idee nicht wahrhaben. Ich selbst habe vor Zeugen einen 17jährigen Jungen in eine Hypnose versetzt und dann in den vorgeburtlichen Zustand »regrediert« mit der Aufforderung seine Erlebnisse zu berichten. Er gab stockend und bruchstückhaft gespeicherte Lektüre preis (nachweislich Erinnerungen aus dem Buch »Der Löwe von Lurs«, in dem der Mordfall Gaston Dominici geschildert wird); er las von einem leeren Blatt Papier eine komplette Geschichte ab und vollbrachte noch andere verblüffende Bravourstückchen. Paranormale Phänomene sind nicht immer auszuschließen. Ich habe aber die Beobachtung gemacht, daß Menschen mit hysteroider Persönlichkeitsstruktur eine besonders starke Suggestibilität aufweisen und sich unbewußt-bewußt gut in Szene setzen können.

Die Bibel bietet keinerlei Hinweise auf die Tatsache einer Reinkarnation. Dieses Schweigen darf nicht als Zustimmung mißdeutet werden. Die Stelle bei Mt 17,12 ist kein Beweis für die körperliche Wiederkunft: »Ich sage euch: Elia ist schon gekommen und niemand hat ihn erkannt...« Hier ist vielmehr gemeint, daß die Kraft und der prophetische Geist des Elia in Johannes, dem Täufer, gekommen ist. Johannes selbst hat verneint, der Prophet Elia zu sein (vgl. Joh 1,21).

Außerdem ist Elia gar nicht gestorben, sondern in den Himmel entrückt worden, so daß eine Reinkarnation nicht in Frage kommen kann.

In Johannes 9 fragen die Jünger den Herrn, ob der Blindgeborene auf Grund eigener oder elterlicher Schuld blind geboren wurde. Diese Frage läßt die These einer Reinkarnation vordergründig vermuten. Doch selbst wenn die Jünger eine derartige Auffassung vertreten hätten, so wird sie mit der Bemerkung Jesu abgelehnt: »Weder er noch seine Eltern... haben gesündigt...« (Joh 9,3) Ebenso wird der Gedanke, Unglück und Krankheit seien Folgen früherer Schuld, im Buch Hiob abgelehnt. Die Freunde Hiobs, die Schuld und Lebensschicksal miteinander verknüpfen, werden von Gott selber zurechtgewiesen. Hiobs Rebellion gegen eine solche karmische Deutung bekommt recht.

Viele Menschen haben Angst vor einer möglichen Verdammnis. Aus ihrer Sicht muß der lange Weg durch die Kette der Wiederverkörperung noch attraktiver sein als die mögliche ewige Verwerfung. Denn die Reinkarnation kennt keine Hölle; sie bringt jeden zur Selbstvervollkommnung. Damit ist natürlich die Gnade und Erlösungstat eines liebenden Gottes in Frage gestellt, ja abgelehnt. Ich kann mein Leben selber in die Hand nehmen; dazu brauche ich keinen Gott, keine Vergebung, kein Gebet... Die blinde Automatik von Lohn und Strafe fördert den Fatalismus, jene passive Haltung dem Elend gegenüber, die wir zur Genüge kennen.

Wenn die Bibel von Wiedergeburt spricht, meint sie immer die Neugeburt aus dem Heiligen Geist, wie sie z. B. in der Taufe geschieht: »Wenn jemand nicht wiedergeboren wird aus dem Wasser und dem Heiligen Geist, kann er nicht ins Reich Gottes kommen!« (Joh 3,5)

Reinkarnationsanhänger zitieren gern den Kirchenvater Origenes, der in seinem Werk »Peri Archon« (Über den Ursprung) Aussagen macht, die gern als Belege für die Reinkarnation gedeutet werden, in Wahrheit aber die Inkarnation der präexistenten Seelen betreffen. Was meint hier Origenes? Er lehrt, daß alle Seelen im Anfang von Gott geschaffen wurden und je nach ihrer Treue zu Gott als Engel, als Teufel oder in menschlichen bzw. tierischen Körpern ihre Existenz zugewiesen bekamen. Er lehrte aber nie, daß die Seelen wiederkehren. Das Konzil von Konstantinopel 553 hat diese Idee von der gleichzeitigen Erschaffung aller Seelen verurteilt. Hätte er die Reinkarnation gelehrt, wäre mit Sicherheit auch dies abgelehnt worden; doch dieser Gedanke war nie als Gefahr empfunden worden.

Jesus Christus hat uns erlöst von den Qualen eines unendlichen Kreislaufs. Er trug das »Karma« der ganzen Welt und sagte zum Verbrecher rechts am Kreuz: »Noch heute wirst du mit mir im Paradies sein.« (Lk 23,43) Es wäre ein Hohn, wenn er damit sagen wollte: »Heute noch bist du mit mir im Paradies, aber morgen mußt du dich wieder inkarnieren, mußt du zurück in den Kreislauf deines Leides.«

Seit Jesus brauchen wir nicht auf einen anderen Erlöser zu warten oder auf eine neue Zeit, denn die End-Zeit ist angebrochen. Wer sich nach ihm richtet, nach vorne schaut und sein Angebot ernst nimmt, braucht keine Methoden zur Selbsterlösung zu suchen. »Wenn einer zu mir kommt, werde ich ihn nicht wegschicken!« (Joh 6,37)


## BIBLISCHE THERAPIE BEDEUTET UMKEHRUNG DES DENKENS

»Bitte helfen Sie mir, aber verändern Sie mich nicht!« So könnte man manchen Hilferuf therapiebedürftiger Menschen umschreiben. Sie spüren zwar ihre seelische, körperliche, mitunter auch geistliche Not, haben aber Angst, sich bzw. ihre Denkstruktur verändern zu lassen. Sie ahnen wohl, daß diese notwendige Veränderung auch schmerzvoll ist. Festgefahrene lebensfeindliche Denkstrukturen sind die Wurzeln ihres Fehlverhaltens oder ihrer depressiven und destruktiven Gefühle.

Wer glaubt, Gewalt durch Gegengewalt beseitigen, den Ehepartner durch sexuelle Manipulationen an sich binden oder unerwünschte Verhaltensformen der Kinder durch Züchtigungen und leere Drohungen abstellen zu können, befindet sich auf einem krankmachenden Weg. Solche Meinungen sind jedoch weit verbreitet. Das erwünschte Ergebnis wird aber nicht eintreten: Harmonie, Friede, Rücksichtnahme. Statt dessen versucht jeder den anderen anders haben zu wollen, um angeblich dessen Glück zu fördern. »Ich will doch nur dein Bestes.« Es dürfte wohl richtig heißen: »Ich will mein Bestes. Denn ich fühle mich erst dann glücklich, wenn du dich so verhältst, wie ich mir das wünsche.« Und so erobern wir uns täglich gegenseitig, nennen das »Liebe« und drücken uns mit allen Mitteln der Unvernunft vor der Dringlichkeit eines ganz anderen Denkens.

Gewiß geht es nicht immer ohne Sanktionen, aber dann sollten sie sachlich begründet werden, nicht zu Racheakten pervertieren und mit der zu bestrafenden Tat sinnvoll zusammenhängen. Im allgemeinen gilt die pädagogische Regel: Unerwünschtes Verhalten hört eher auf, wenn es ignoriert wird bei gleichzeitiger Anerkennung des positiven Verhaltens (Verstärkung durch Lob, Ermutigung…).

Eine viel zu große Zahl von unerlösten Christen begeht seelischen, körperlichen und geistlichen Selbstmord auf Raten. Sie deutet Glaubensbekenntnisse um in ein verschwommenes Herumglauben, macht ethische Forderungen und religiöse Gebote zu unverbindlichen Empfehlungen, wobei keine Mühe gescheut wird, die (zweifellos unbequeme) Verbindlichkeit mit psychologischen Argumenten wegzudiskutieren. Ich denke da beispielsweise an die Abtreibungspraxis. Weil das kompromißlose, kirchliche Ja zum Leben als lebensfeindlich empfunden wird, wird ungeborenes Leben getötet. Viele halten die Lehre Jesu für überzogen und nicht nachvollziehbar, fallen aber den Menschen, die sie konsequent zu leben versuchen, bewundernd zu Füßen. Sie glauben zwar, wissen aber nicht genau, an was sie glauben; sie kennen ihr Ziel nicht, hasten aber in großer Hektik dorthin. Sie wollen ihre Vorstellung von Leben durchsetzen, beruhend auf Ansehen, Macht und Erfolg.

Biblisches Leben in Fülle enthält nie das Anrecht auf derartige äußerliche Werte. Und zwar deshalb nicht, weil sie in die Abhängigkeit und Verstrickung führen. Jesus hat uns keinen bequemen Weg gewiesen, aber einen Weg zu unserem Besten. Und wer sich auf ihn einläßt, dem wird nicht alles einleuchten, aber er hat einen verläßlichen Wegbegleiter.

Der Aufruf zur Umkehr, zur Metanoia, bedeutet Sinnänderung, auch Buße. Wer diesen Sinneswandel einmal vollzogen und gelebt hat, weiß um seine heilende Kraft. Er erfährt, daß sich ein Mensch zum Guten verändert, weil er ihn fair und rücksichtsvoll behandelt, obgleich dieser ihn hintenherum schlecht gemacht hat; daß sein Vorgesetzter gar nicht so unmenschlich ist, weil er sich Mühe gab, bei ihm die verborgenen Ängste und Sehnsüchte nach Anerkennung zu entdecken; daß er vom Wegschenken und Teilen gar nicht ärmer, sondern zufriedener und unabhängiger wurde... Es kommt darauf an, anders zu denken: Das halbe Glas Wein ist dann nicht mehr halb leer, sondern halb voll.

Eine chassidische Erzählung soll uns verdeutlichen, was Umdenken noch heißen kann:

An die Tür von Rabbi Jechiel Meïr klopfte einstmals ein Armer und bat um eine Gabe. Der Rabbi suchte im ganzen Haus umher, konnte aber kein Geld finden. Im Verlauf der Suche stieß er schließlich auf einen Ring seiner Frau, den er sofort an den armen Mann weitergab. Als seine Frau zurückkam und entdeckte, daß ihr Ring fehlte, stieß sie einen entsetzten Schrei aus. Der Rabbi kam sogleich herbei und erklärte ihr, was er damit getan hatte. »Aber das ist ein sehr wertvoller Ring«, rief sie, »mit einem echten Diamanten.« Sobald Rabbi Meïr das gehört hatte, eilte er aus dem Haus. »Wohin gehst du«, rief ihm seine Frau nach. »Ich muß den Mann finden«, rief er zurück, »und ihn warnen, daß er den Ring nicht billiger verkauft, als es seinem Wert entspricht.«

Es ist gar keine Frage, daß wir den Ring zurückerbeten hätten. Das wäre wohl von jedem als völlig in Ordnung empfunden worden; dennoch entspricht dieses Verhalten nicht der Gesinnung Jesu. Die Unfähigkeit, sich von wertvollen Dingen loszusagen, verrät unsere Abhängigkeit und Verlustangst. Sie geht meist einher mit Minderwertigkeitsgefühlen, die es einem schwer machen, sich und andere so anzunehmen, wie sie sind. Der sich minder wert Fühlende glaubt nicht genug an seine eigene Schönheit und Würde, von Gott geschaffen und geliebt zu sein. So schmückt er sich mit Äußerlichkeiten und stellt sich anders dar, als er ist. Er ist blind für seine Gaben und Fähigkeiten, schielt nach Bewunderung, indem er sich für besser, reicher, leistungsfähiger, potenter ausgibt, als er zu sein meint. Zweifellos ist dies ein Ergebnis mangelnder häuslicher Geborgenheit, aber dennoch nicht unheilbar. Andere machen sich schlecht, um nicht gefordert zu werden, denn sie haben Versagensängste oder flüchten in die Bequemlichkeit.

Es geht bei der Umkehr um Änderung meiner Einstellungen. Jesus wies darauf hin, daß unsere negativen Lebensformen aus dem Herzen kommen (Mt 15,19). Jeder soll bei sich die nichtauthentische Lebensweise erkennen und verändern. Es ist nicht wichtig, was andere von uns denken, sondern was Gott denkt. Mein Glück darf nicht von den augenblicklichen Triebbefriedigungen abhängen, sonst bin ich Sklave meiner Launen und Wünsche. Unzufriedenheit, Ehrgeiz, Neid, Angst, Labilität sind die Folgen. Ich darf mich auch nicht abhängig machen von Leistungen, sonst bekomme ich meine Versagensängste nicht los.

Emotionale Störungen entstehen immer dann, wenn Menschen bewußt oder unbewußt negative, selbstzerstörerische, ichzentrierte Gedanken haben. »Was denken jetzt die Leute über mich?!« – »Wenn ich doch nur so wäre wie die anderen!« Keineswegs muß ich stets gefällig sein, um geliebt zu werden. Keineswegs muß ich alles schneller oder perfekt machen, um Anerkennung zu bekommen. Es ist auch keine Katastrophe, wenn etwas schiefgeht. Nicht immer machen die Umstände mich krank, sondern meine Gedanken über die Umstände. Die Bibel weist immer wieder darauf hin, daß Heilung erst durch Umdenken ermöglicht wird. Jesus fordert uns auf, wie ein Kind zu werden: offen, ehrlich, eben authentisch, sich allein von Vater und Mutter abhängig wissend.

Wenn aber Vater oder Mutter mich ablehnten, kann eine schmerzliche, zwiespältige Bindung entstehen, die ein eigenständiges Leben ohne ständige Wut- und Schuldgefühle unmöglich macht. Dann ist die späte Abnabelung nur möglich, wenn ich mir meine Gefühle gestatte und langsam eigene Ideen verwirkliche. Hier kann eine Wohngemeinschaft, wenn sie mein Kranksein liebevoll annimmt, mehr helfen als eine Psychoanalyse oder reine Gesprächstherapie. Im Grunde ist hier jeder gefordert, sich auf den Kranken einzulassen, ihn so zu nehmen, wie er ist. Aber gerade hierin ist das praktische Christentum so verwundbar, weil es durch jahrhundertelange Verziehung zu ständigen gegenseitigen Manipulationen neigt nach dem Motto: Du mußt ein anderer werden, um von mir geliebt zu sein.

Medikamente helfen nur oberflächlich; eine Psychotherapie wird dem die Erkenntnis vermitteln, daß er nur heil werden wird, wenn er endlich einmal sich selbst akzeptiert, sich vergibt und sich neu seinem sehnsüchtig auf ihn wartenden Gott in die Arme wirft. Ohne diese Zuflucht zu seinem göttlichen Vater und ohne den Glauben an dessen Zusicherung »Siehe, ich mache alles neu« (Offb 21,5) bleibt der Mensch auf sich selbst angewiesen. Die christliche Therapie aktiviert geistliche Kräfte und gibt dem Menschen einen beständigen Partner, der sich für ihn totgeliebt hat am Kreuz.

Jesus hat nie ein Schuldgefühl oder eine Schuld wegpsychologisiert. Er sprach nie von den ungünstigen Voraussetzungen in der Kindheit, von einer neurotischen Ich-Entwicklung, die jedwede Schuld zur Fehlleistung eines gestörten Über-Ich degradiert. Er vergab die Schuld, sobald sie bekannt wurde oder unbewußt im Zusammenhang mit einer körperlichen Erkrankung stand. In vielen heutigen Therapien ist die »Befreiung« von Schuldgefühlen, von Skrupeln und Schamgefühlen Ziel unzähliger Sitzungen. Dahinter verbirgt sich die Ideologie einer materialistisch-humanistisch geprägten Selbstverwirklichung. Doch können tiefe Verletzungen auf dieser Ebene nicht berührt werden, denn nur eine Konfrontation mit der vermeintlichen oder tatsächlichen Schuld, also eine Konfrontation mit der gefürchteten Menschlichkeit vermag Ängste abzubauen und über dem Weg des Schuldbekenntnisses die menschliche Würde und Selbstachtung wieder aufzubauen.

Umkehr vollzieht sich auf dreifache Weise: gedanklich, gefühlsmäßig und praktisch. Die Motivation zur Umkehr liegt oberflächlich im Leidensdruck begründet: »Bitte helfen Sie mir!« Jedoch fehlt bei manchen die notwendige Bereitschaft, an sich zu arbeiten und liebgewordene, aber falsche Denkmuster und süchtige Gewohnheiten abzulegen. »Verändern Sie mich nicht!« Der christliche Therapeut wird die Motivation zur Heilung nicht allein in der Sehnsucht nach Schmerzfreiheit sehen. Leid kann nicht einfach wegtherapiert werden. Es hat immer auch den Sinn, den ich ihm gebe.

Allein die Bereitschaft, sich schrittweise auch unangenehmen Anforderungen zu stellen, letztlich sich als ohnmächtiger, doch von Gott getragener und geliebter Mensch zu wissen, vermag tiefe seelische Wunden zu heilen. »Ohne mich vermögt ihr nichts!« (Joh 15,5)

Biblische Therapie führt immer nur dann zur Kernheilung, wenn das Ziel der Lehre Jesu mitgewollt ist, nämlich das Ähnlichwerden der Gesinnung Jesu, der Nachvollzug seines Denkens. Liebe ohne Preisgabe seiner eigenen Schwächen und Wünsche, also auch ohne die menschliche Verletzbarkeit, bleibt eine Illusion. Preisgabe seines Ich ohne den Bezug auf Gott führt zur zwischenmenschlichen Hörigkeit. »Ohne dich kann ich nicht leben«, ist dann der oft gehörte Notschrei, ein Symptom illusionärer Verkennung der Wirklichkeit. Wahrheit ist: Ohne Gott kann ich nicht leben. Natürlich kann ich ohne Glauben an ihn existieren, nicht aber in Fülle. Fülle meint nicht materiellen Reichtum, Erfolg, Gesundheit, sondern innere Unabhängigkeit und Konfliktfähigkeit auf Grund des Bewußtseins, daß ohne den Willen des Herrn kein Haar gekrümmt wird.

Christsein ist nicht lustvoll; deshalb wird es von vielen gemieden, die nach der Lustbefriedigung Ausschau halten. Ratgeberbücher, vor allem die Lebensberatungsecken in der Boulevardpresse bleiben zu sehr auf der Stufe persönlicher Trieberfüllung stehen. Die Suche nach dem technisch machbaren Glück vollzieht sich in erschreckender Dichte in Versandhäusern für Sexualartikel und nun auch in okkulten Zirkeln, die sich mit magischer Hilfe das Glück sichern wollen.

Jede Idee, die einen beschwerdefreien Zugang zum Glücklichsein verspricht, ist eine Lüge. Jede »Methode« zum Erreichen innerer Harmonie muß suspekt sein und widerspricht der kompromißlosen Äußerung Jesu: »Das Tor zum Leben ist eng und der Weg dorthin schmal« (Mt 7,14). Pater Matthias Utters, der 29 Operationen über sich ergehen lassen mußte, der 14 Jahre lang erblindet war und seinen linken Arm verlor, der nur sehr schwer hören konnte und 20 Jahre lang an Krebs litt, strahlte dennoch Freude und Glück aus. In seinem Buch »Die Liebe von gestern genügt heute nicht mehr« bekennt er: »Irgendwann wußte ich, daß beides falsch ist, sich zu wünschen, daß man lebt und sich zu wünschen, daß man stirbt. Es geht immer nur um die Annahme von beidem. Als ich mir beides nicht mehr wünschte, konnte ich glücklich sein, und das für immer.«

»Kommt zu mir, die ihr voll Mühe und Sorgen seid!« (Mt 11,28) fordert Jesus uns auf; denn »alle, die auf ihn vertrauen, werden nicht zuschanden« (1 Makk 2,61). An die Stelle des alten Selbst tritt ein neues geistiges Selbst. Wer sich dieser Botschaft öffnet, braucht sein Heil nicht bei neuheidnischen Sekten oder pseudochristlichen Gruppierungen zu suchen. Das falsche Denken will Leid vermeiden und erzeugt es gerade dadurch, daß es so verbissen und verzweifelt nach Glück sucht.


## DER GLAUBE IN DER THERAPIE

Oft werde ich gefragt, wie ich denn bei atheistischen Patienten vorgehen würde beziehungsweise bei Menschen, die sich gegen jegliche Theologie sperren und eine »saubere, wissenschaftliche, weltanschaulich neutrale Behandlung« wünschen. Dazu muß ich sagen, daß ich mich noch nie in dieser Situation vorgefunden habe. Das mag einerseits damit zusammenhängen, daß ich ohnedies als christlicher Psychotherapeut ausgewiesen und bekannt bin, so daß die »Ungläubigen« wegbleiben; andererseits ist der Anteil atheistischer Patienten insgesamt gering, was verschiedene Gründe haben kann: Zum einen setzt jede psychologische Behandlung ein Minimum an Glaubensbereitschaft voraus, wenngleich sie auch nicht religiöser Natur sein muß; zum anderen scheinen areligiöse Menschen entweder weniger seelische Erkrankungen zu haben oder ihre Probleme stärker zu dissimulieren, d. h. zu verbergen.

Es ist für atheistisch geprägtes Denken typisch, daß alles Irrationale in den Bereich des (Aber-)Glaubens gestellt wird. Dieses Denken tut sich schwer, Gefühle zu gestatten, und legt sich somit erhebliche Grenzen auf, da das Leben vorwiegend durch Gefühle gesteuert wird. Naturgemäß spielt sich der Glaubensbereich ebenfalls mehr in den Gefühlen als im Kopf ab. So ist es erklärlich, daß Ungläubige dem Wunder gegenüber einen enormen Widerstand zeigen. In dieser vehementen Ablehnung des Irrationalen wird oft ein stiller Fanatismus sichtbar, so daß sich der Psychologe nach den Gründen fragen muß.

Ich mache immer wieder die Erfahrung, daß gewachsener Unglaube, erworbene religiöse Gleichgültigkeit oder Ablehnung oft im wiederholten Gefühl der Aussichtslosigkeit begründet liegt, in Fragen des religiösen Glaubens Klarheit zu gewinnen. Anders ausgedrückt: Angst und Ohnmacht können nicht nur zum Glauben, sondern auch zum Unglauben motivieren. Damit ist die Freudsche Religionskritik in Frage gestellt, die in der Ohnmacht des Menschen die Wurzel seines religiösen Glaubens sehen will.

In der Tat: In den vielen Jahren meiner therapeutischen Praxis erlebte ich es nur zweimal, daß sich Patienten in fast aggressiver Weise jegliche religiöse Thematik verbaten. Nachdem ich auf ihre Aggressivität einging und nach deren Gründen forschte, brach das gesamte Gebäude ihres Widerstandes zusammen. Und damit brach zugleich eine alte, nicht verheilte Wunde von neuem auf.

Der Leser soll nicht den Eindruck bekommen, als ob ich in jedem Fall für eine glaubensspezifische Therapie plädieren wolle. Diese ist gewiß für bestimmte Personen vonnöten, für andere nicht. Jemand, der an einer Katzenphobie leidet oder stottert, braucht keine psychotherapeutische Behandlung mit religiösem Akzent. Da mag eine Therapie nach alter, klassischer Manier völlig ausreichen. Wenn aber existentielle Nöte, Depressionen, Sinnverlust das seelische Gleichgewicht stören, wäre es inhuman, dem Patienten Hilfen vorzuenthalten, die zur persönlichen Stabilisierung und Rettung einer ausgewogenen Kultur vonnöten sind. Darunter fallen vornehmlich dessen weltanschauliche Konzepte, Fragen des Glaubens- und Gottesbildes. Dabei darf der Therapeut nicht zu seinem eigenen Glauben oder Unglauben hin den Patienten beeinflussen. Allenfalls hat er zu helfen, des Patienten Glauben zu klären und mögliche Verzerrungen richtigzustellen.

Kein Therapeut kann nur auf der rationalen, kontrollierbaren Ebene arbeiten, wenn er wirklich Heilung vermitteln möchte. Unverfügbar, irrational und dem Glaubensbereich überlassen bleibt für uns immer auch der wichtigste Wirklichkeitsbereich: die Innerlichkeit, die Gesinnung des anderen, seine Liebe, seine Motive, sein Denken über Gott. Da muß oft erst einmal eine glaub-würdige Atmosphäre geschaffen werden als Bedingung für den Prozeß der Heilung. Wenn aber Ärzte, Psychologen, Heilpraktiker, kurz: jeder im Heilberuf Stehende sich scheut, zwecks Klärung mancher psychophysischer Störungen in diesen Bereich der Innerlichkeit vorzudringen, verliert er an Glaubwürdigkeit. Wenn Psychotherapie den einzelnen zu seinem wahren Selbst führen soll, dann kommt sie nicht daran vorbei, das weltanschauliche Deutungsmuster des Patienten mit einzubeziehen.

Es gibt verschiedene Glaubenshindernisse, die eine christliche Therapie aufdecken sollte: Unbewußte Aggressionen gegen die frommen Eltern etwa oder die Meinung, Glaube an einen Gott sei Ausdruck von Schwäche und Flucht vor der eigenen Verantwortung. Es können auch Enttäuschungen und Verletzungen zugrunde liegen, die jemand von einer kirchlichen Amtsperson zugefügt bekam. Vielfach sind unkritisch übernommene, unverarbeitete Glaubensvorstellungen die Wurzel für den späteren Bruch mit Gott und der Kirche. Bei solcher verständlichen Abwehrhaltung ist dennoch häufig auch die tiefe Sehnsucht nach einer befreienden Gottesbegegnung zu beobachten.

Minderwertigkeitskomplexe, Selbsterniedrigungen, Haß und selbstzerstörerischer Leistungswahn, Lebenspessimismus und jede Form von Wahn-Sinn sind Ausdrucksformen mißverstandener oder blockierter Menschwerdung. Wenn jemand in Gott steht und sich von ihm gebraucht weiß, ist er nicht mehr ausschließlich auf Anerkennung anderer angewiesen, auf die Größe seiner Taten, um seine Lebensberechtigung zu »verdienen«. Diese schizoide Unfähigkeit zu einer Existenz, die gesunderweise loslassen und vertrauen kann, hängt zweifellos mit dem Verlust der personalen Gottesbeziehung zusammen. Die Folge ist entweder ein Sein-wollen-wie-Gott oder die Schaffung einer künstlichen Gottheit. Beides ist der Versuch, den schmerzlich empfundenen Riß mit einem billigen Alleskleber zu kitten.

Eine ganzheitliche Therapie, die nicht allein symptomorientiert arbeitet oder endlos analysiert, bedarf daher eines Heil- und Unheilkundigen, der nicht ausschließlich naturwissenschaftlich-intellektuelle Qualifikationen aufweist, sondern menschliche und religiöse. Doch das Auswahlverfahren, das derzeit an den Universitäten praktiziert wird, produziert eine Fülle frustrierter, humanistisch gebildeter, deshalb aber noch nicht humaner Ärzte und Psychologen. Wenn ein Therapeut es heute kaum noch wagt, die Worte Gott, Seele, Gnade, Vertrauen in den Mund zu ·nehmen und jeden transzendentalen Bezug ablehnt, dann kann es weder eine Selbstlosigkeit um Gotteslohn noch eine Hilfe zur Kern-Heilung geben.

Nicht alle Heiltätigen sind hier einzuordnen. Wer als gläubiger und fachkundiger Therapeut bekannt ist, hat heute mehr denn je Zulauf. Die Menschen sind auf der Suche nach Ärzten und Psychologen, ja selbst nach Priestern, die ihren Glauben offen bekennen und sich nicht scheuen, dem Patienten das Gebet anzubieten. Ich habe das Gefühl, daß immer mehr junge Menschen auf dieser Suche sind.

In den ersten Jahren meiner psychologischen Tätigkeit arbeitete ich noch mit dem »schulpsychologischen« Wissen, das mir die Professoren beigebracht haben. Ich ging exakt wissenschaftlich und methodisch vor. Bis ich eines Tages merkte, daß es so doch nicht ging. Irgend etwas fehlte oder lief falsch. Was aber? Ich verschlang eine Menge Fachbücher, befragte erfahrene Kollegen, nahm an Supervisionen teil. Selbstverständlich spielten Gebet, Fragen nach dem Gottesbild oder nach der jeweils vorhandenen Weltanschauung keine Rolle in meinen therapeutischen Sitzungen. Das hat da nichts zu suchen, wurde mir gesagt.

Heute weiß ich, wie einseitig diese Sicht war. Zunehmende Anfragen von Studenten und längst im Beruf befindlichen Therapeuten nach einer christlich orientierten Aus- und Weiterbildung zeigen die Notwendigkeit einer entsprechend umfassenden Praxis. Die Verbindung von ärztlichen bzw. psychologischen und religiösen Elementen tut not. Der Ruf nach dem modernen Schamanen ist laut geworden: Es geht wieder um die Zusammenführung von Subjekt und Objekt, von Körper und Seele, von Denken und Fühlen, von Himmel und Erde. Die seelenlose Medizin kommt ebensowenig weiter wie die körperlose Seelsorge.

Weil aber die Seelenlosigkeit der Medizin, der Psychoanalyse und anderer humanistischer Verfahren und auch die Körperlosigkeit der Seelsorge am Ende sind, begannen viele nach anderen Lösungen zu suchen; sie verirrten sich im Dickicht zahlloser Pseudogurus und Psychopriester, die ihnen Heilung und Erlösung mittels magischer und abergläubischer Praktiken versprachen. Doch keine dieser Praktiken vermochte bislang auch nur eine bescheidene Hilfe zur Bewältigung menschlicher Probleme oder zur Auslösung bleibender Heilungen zu entwickeln.

Der Verlust des Glaubens führte zu einer Pseudomystik, die die unheilvolle Verwirrung des Abendlandes aufdeckte.

»Wer in mir lebt, der bringt reiche Frucht. Denn ohne mich könnt ihr nichts vollbringen! Wer nicht mit mir vereint bleibt, der wird wie eine abgeschnittene Rebe fortgeworfen und vertrocknet... Wenn ihr mit mir vereint bleibt und meine Worte in euch lebendig sind, könnt ihr den Vater um alles bitten, was ihr wollt, und ihr werdet es bekommen.« (Joh 15,5–7)

»Wer an mich glaubt, wird leben, auch wenn er gestorben ist!« (Joh 11,25) Hier wird deutlich der Glaube an Jesus als Voraussetzung zum Leben gefordert. Tatsächlich vermag ein gesunder Glaube auch dann noch den Menschen lebendig zu erhalten, wenn er »gestorben« ist, d. h. im Schmerz versunken, vom Leben nichts mehr habend. Jesus spricht hier das ewige Leben nach dem physischen Tod an. Ich habe Menschen kennengelernt, die nur auf Grund ihres unerschütterlichen Glaubens ihr Leben verlängerten. Und ich erlebe es tagtäglich in meiner Praxis, daß Patienten dankbar sind, wenn der Glaube und die religiöse Sinnfrage in das therapeutische Gespräch mit einbezogen werden. Viele tragen dieses Anliegen bei sich, wagen es aber oft nicht vorzubringen aus Angst vor ablehnenden Reaktionen seitens des Therapeuten. Nicht wenige sind auf diesem Gebiet verletzt worden. Es bedarf daher auch des regelmäßigen Gebets, in dem ich vor Beginn der Sitzung um die erforderliche Sensibilität, Geduld und Erkenntnis bitte, damit nicht ich rede, »sondern der Geist des Vaters« (vgl. Mt 10,20) in mir.

# JEDE ERKRANKUNG HAT EINE BEDEUTUNG

Die alttestamentliche Auffassung begriff die Krankheit und Not als Folge einer persönlichen oder kollektiven Schuld: Wer gegen die Gebote Gottes verstieß, wurde mit Unglück, mit einem körperlichen Gebrechen oder gar mit dem Tod dafür bestraft; er mußte nicht einmal persönlich schuldig geworden sein. Die Heimsuchung erging bis zum 4. Glied (2 Mos 20,5). Und so machte das Wort von den Vätern die Runde, die saure Trauben aßen, und von den Kindern, deren Zähne davon stumpf wurden (Jer 31,29).

Jesus hat diese Pädagogik Gottes nicht bestätigt, vielmehr korrigiert. »Herr«, fragten ihn die Jünger angesichts eines Blindgeborenen am Wegrand, »hat er oder haben seine Eltern gesündigt, daß er blind geboren wurde?« (Joh 9,2) Und sie erhielten zur Antwort: »Weder er noch seine Eltern. Es sollten an ihm offenbar werden die Werke Gottes!« (9,3) So ging er hin und heilte den Blinden. Ihm ging es vorrangig um die Teilnahme des Menschen an der Herrlichkeit Gottes.

Paulus bat dreimal den Herrn um Heilung einer nicht näher genannten Krankheit. Er bekam zur Antwort: »In deiner Schwachheit erweise ich mich stark!« (2 Kor 12,9) Diese Antworten befriedigen uns wenig. Und die Geschichte bei Lukas 13,1—5 bringt uns auch nicht viel weiter:

»Um diese Zeit kamen einige Leute zu Jesus und erzählten ihm von den Männern aus Galiläa, die Pilatus töten ließ, als sie gerade im Tempel Opfer darbrachten; ihr Blut vermischte sich mit dem Opferblut. Doch Jesus sagte zu ihnen: ›Meint ihr etwa, daß sie einen so grausamen Tod fanden, weil sie schlimmere Sünder waren als die anderen Leute in Galiläa? Nein, ich versichere euch: Wenn ihr euch nicht ändert, werdet ihr alle genauso umkommen. Oder denkt an die achtzehn, die der Turm am Schiloateich unter sich begrub. Meint ihr, daß sie schlechter waren als die übrigen Einwohner Jerusalems? Nein, ich versichere euch: Ihr werdet alle genauso umkommen, wenn ihr euch nicht ändert!‹«

Der Text besagt also nicht: Weil ihr Sünder seid, kommt ihr um! Sondern: Wenn ihr euch nicht ändert, müßt ihr mit den Konsequenzen eures Fehlverhaltens rechnen! Hier ist nicht der Tod die Folge göttlicher Strafe, sondern eine logische Konsequenz menschlicher Blindheit. Es geht nicht nur um theologische, sondern auch um psycho-logische Konsequenzen: Wenn wir unser habgieriges, machtsüchtiges, egoistisches Denken und Tun nicht ablegen, sind wir geistig tot. Das Leben ist erstarrt. Der physische Tod ist dann nur noch das letzte Kapitel.

Gewiß gibt es auch Unheil, das unmittelbar mit einer Schuld zu tun hat. Dieser Verdacht drängt sich auf bei der Geschichte vom Gelähmten, der erst nach der Sündenvergebung vom körperlichen Gebrechen der Lähmung befreit wurde. »Damit ihr wißt, daß der Menschensohn Macht hat, Sünden zu vergeben, sage ich zu dir: Steh auf und geh!« (Mt 9,6)

Saulus, der die Christen verfolgt, wird plötzlich auf dem Höhepunkt seines Hasses mit Blindheit geschlagen. Er fällt buchstäblich vom hohen Roß und kann drei Tage lang nichts sehen. Im Herzen war er schon lang vorher blind: Er wußte nicht, was er tat. Die körperliche Blindheit war nicht etwa die Strafe für seinen Christenhaß; sie war vielmehr die logische Konsequenz: In der Psychiatrie spricht man von Konversionserkrankung, d. h. eine seelische Störung verwandelt sich plötzlich in eine physische Erkrankung. Erst die Begegnung mit Gott offenbarte ihm die schreckliche Gewißheit seines Irrtums und führte folgerichtig zur Konversion (= Verwandlung). So bediente sich Gott der Krankheit, um den Sünder Saulus zur Besinnung zu bringen und durch das Leid hindurch zu einem geheilten Paulus zu machen.

In diesem Sinn kann Jesus sagen: »Wenn ihr euch nicht ändert, kommt ihr um!« Die christliche Therapie setzt sich zum Ziel, den Patienten zur Besinnung aufzurufen: Wo bist du krank? Weißt du, was dir fehlt? Welche Be-Deutung kann dein Leid haben? Geh in die Stille und bitte Gott um Erleuchtung! Es ist nicht damit getan, daß du ausschließlich Tabletten schluckst, Massagen bekommst, dich vom Partner trennst oder lästige Umstände zu verändern suchst. Nicht die anderen, nicht die Umstände mußt du ändern, sondern dich selbst!

In der Offenbarung lesen wir, wie ein Engel dem auf die Insel Patmos verbannten Johannes einen Brief an die Gemeinde in Smyrna diktiert: »...Habt keine Angst wegen der Dinge, die ihr noch erleiden müßt. Der Teufel wird einige von euch ins Gefängnis werfen, um euch auf die Probe zu stellen… Haltet durch, auch wenn es euch das Leben kostet. Dann werde ich euch ewiges Leben schenken!« (Offb 2,10)

Gott gewährt dem Satan einen begrenzten Raum, um die Menschen in ihrer Treue zu Gott zu erproben. Diese für uns schwer verdauliche Erkenntnis ist manchen Heiligen Grund zur Freude: »Weil er mir zu Hilfe kommt, freue ich mich über meine Leiden, über Mißhandlungen, Notlagen, Verfolgungen und Schwierigkeiten. Denn gerade, wenn ich schwach bin, bin ich stark.« (2 Kor 12,10)

Viele Menschen können mit ihren Erkrankungen nichts anfangen: Die einen wittern dahinter eine Strafe Gottes für irgendeine Schuld, die sie dann mit verzweifelter Ängstlichkeit suchen; andere wenden sich von Gott ab, weil sie ihn für einen lieblosen, quälenden Übervater halten; und wieder andere mißverstehen sie als göttlichen Schicksalsschlag, den es in Geduld auszuhalten gilt, ohne je nach dem pädagogischen oder psychologischen Hintergrund zu fragen.

Ein nicht funktionierender Organismus reagiert gesund auf eine krankmachende Situation. So sollte beispielsweise das Fieber als Notwehr des Körpers gegen eine Infektion gestattet werden; allzu rasch sind wir verführt, mit starken Antibiotika derlei Signale zu unterdrücken. Natürlich müssen wir alles Legitime zu unserer Heilung tun. Der Gang zum Psychologen, zum Arzt, zum Heilpraktiker ist auf der Suche nach der Beseitigung des Unheils völlig richtig. Wo aber ausschließlich naturwissenschaftlich-intellektuelle Werte gefragt und vermittelt werden, wo Gott, Seele, Gnade, Ewigkeit, Schuld und Versöhnung nicht mehr zum Vokabular der Therapie gehören und jede transzendentale Bezogenheit des Menschen abgelehnt wird, kann keine tiefgreifende Heilung eintreten.

Jede Störung im sozialen, seelischen, körperlichen Bereich muß als normale, sinnvolle Reaktion betrachtet werden: als normale Reaktion auf eine abnorme, theologisch gesprochen: sündhafte Aktion. Nehmen wir als Beispiel einmal den Kopfschmerz. Er ist weitverbreitet und trägt wesentlich zum enorm hohen Schmerzmittelkonsum bei. Welche Bedeutungen kann er haben?

Er ist Symptom eines dickköpfigen Charakters, der mit dem Kopf durch die Wand will.

Er ist Ausdruck eines übertriebenen Ehrgeizes, dem irgendein Ziel zu Kopf gestiegen ist.

Er ist Folge eines festgebissenen Problems, das buchstäblich Kopfzerbrechen bereitet.

Er ist die physio-logische Konsequenz für eine ungesunde Lebensweise: Sauerstoffmangel, Alkohol, Lärm, übertriebenes Sonnenbaden...

Er ist Begleitsymptom einer Augenerkrankung, eines Tumors, eines Hals-Wirbel-Syndroms.

Er ist eine allergische Reaktion auf Amalgam (Zahnfüllung) oder andere Stoffe.

Der Gesunde fragt nicht nach dem Grund seines Wohlbefindens; erst der Kranke ringt sich durch zur Frage nach dem Warum seines Zustandes. Es ist erwiesen, daß auch seelische, also nicht sichtbare und organisch nicht nachweisbare Funktionsstörungen ihre ganz bestimmten Bedeutungen haben. Neurotische Symptome sind stets Ergebnisse unbewußter Absichten, z. B. Selbstbestrafungen für vermeintliche oder tatsächliche Schuld, die sich einer nicht vergeben hat. Gedächtnisstörungen können Folgen einer mangelhaften Gehirndurchblutung sein, aber ebenso auch unbewußtes Nichtwahrhabenwollen demütigender, peinlicher Erinnerungen. Selbst eine neurotische Depression besagt demnach: Besser die unheimliche Aggression gegen sich selbst wenden, als an anderen zum Mörder oder Quälgeist werden. Besser sich selbst strafen als die Rache des Himmels abwarten. Mancher Selbstmord ist ein verkappter Mord.

Wenngleich Jesus das damals wie heute verbreitete magische Denken, Krankheit sei Strafe Gottes, nicht ohne weiteres gelten ließ, hat er doch die Möglichkeit einer solchen Sinndeutung nicht aufgehoben. Gott vermag allemal seine Geschöpfe aus Liebe zu züchtigen, um sie vom falschen Weg wegzubringen.

Als Psychotherapeut bin ich nicht bereit, unangenehme seelische oder körperliche Reaktionen ohne Sinnerhellung wegzutherapieren. Solche Symptome sollen als vernünftige verschlüsselte Reaktionen des menschlichen Organismus beachtet werden. Ich muß dazu nicht immer bis zur Kindheit zurückgehen; das zu lange Wühlen in der Vergangenheit kann mitunter sogar therapeutische Schäden verursachen. Und keineswegs kann man die Schuld immer nur der häuslichen Erziehung zuweisen.

Manche Patienten bekommen Angst vor der Erhellung dunkler Hintergründe, z. B. will einer nicht gesund werden, weil er dann möglicherweise den sogenannten Krankheitsgewinn verliert: Sonderrechte, vermehrte Zuwendung, Mitleid, Rücksichtnahme. Seine Krankheit ist ihm Mittel zur Erpressung von mehr Beachtung. Ein anderer will nicht geheilt werden, da die Sorge um seine Krankheit sein Leben ausfüllt. Er macht sein Unheil zum Inhalt seines Lebens, seiner Gespräche, seiner Entschuldigung, nicht so leben zu können wie er sollte. Die Angst vor der Veränderung seiner Denk- und Lebensweise hindert ihn am Sprung in das Ungewohnte, oder wie Kierkegaard sagt: am Sprung ins Paradoxe des Glaubens. Ein anderer leitet das Recht für sich ab, weiterhin falsch und schuldhaft leben zu können, da er ja sowieso schon bestraft sei mit seinem Leiden. »Bitte geben Sie mir rasch ein Rezept zum leichteren Begehen meines falschen Weges!« könnte man die Haltung dieser Patienten in der ersten therapeutischen Sitzung umschreiben. Sie belügen sich selbst und schieben die Gründe für ihr Unheil auf irgendwelche widrigen Umstände ab, auf ihre frühkindlichen Verletzungen, auf den falsch gewählten Ehepartner, Beruf...

Die Krankheit ist nicht notwendigerweise mit dem persönlichen Kreuz des Betreffenden gleichzusetzen. Das kann bei unheilbaren, unverschuldeten Schäden so gesehen werden. Das Kreuz kann auch durchaus darin bestehen, daß jemand ein Leben lang alle Möglichkeiten zur Heilung ausschöpft und dabei ins Hadern mit seinem Gott gerät. Nicht die Krankheit, sondern die notvolle Bemühung um deren Heilung ist dann sein Kreuz.

Gott treibt keinen sinnlosen Unfug; er wartet auf nichts sehnlicher als auf die vertrauensvolle Hingabe des Menschen. Diese Hingabe darf nicht mit Resignation oder Fatalismus verwechselt werden. Sie ist kreative Umgestaltung des Lebens, und wenn sie nur darin besteht, dem Leid noch ein Quentchen Sinn abzuringen.

Ich frage mich, wie ein Therapeut es fertigbringen möchte, einem an den Rollstuhl gefesselten Gelähmten Lebensfreude zu vermitteln, wenn er die Sinnfrage, die hier zutiefst religiös ist, außer acht läßt. Aus meiner bescheidenen Erfahrung im Umgang mit Rollstuhlpatienten (aber auch organisch Erkrankten im Endstadium) weiß ich zu sagen, daß letztlich nur das gemeinsame Gebet und die gemeinsame Hingabe an Gott Kräfte verleihen können, die über alle psychologischen Techniken erhaben sind. Und dazu gehört vor allem auch das künftig begleitende Gebet des Therapeuten, der außerhalb seiner bezahlten Arbeitszeit fürbittend vor seinem göttlichen Auftraggeber steht. Dies darf der Patient wissen; denn das aufrichtige Gebet vermag die Welt zu verändern.

Jeder Kranke kann durch sein Dasein zeigen, wovon wir alle leben: nicht von der Anerkennung, sondern allein von dem Mut, uns so arm zu geben, wie wir sind. Alle leben von der unverdienten Gnade; die Kranken merken dies früher als die Gesunden. Und deshalb sind die Gesunden auf die Kranken angewiesen.

Keine noch so humanistische psychologische »Schule« vermag dem Menschen persönliches Glück und Lebenserfüllung zu vermitteln, auch keine christliche Therapie, wenn der Patient sich nicht für Gott öffnet. Doch ist die christlich orientierte Suche nach Heilung immer auch die Suche nach dem Heil; dadurch vermag sie die Not umzuwandeln, und zwar auf Grund des hörbaren Zeichens beharrlicher Gebete und des sichtbaren Zeichens der Sakramente.

Bemühen sich die meisten Therapien um die psychosomatische Heilung, so geht die christliche Therapie darüber hinaus: Sie will auch das Heil und schließlich die Heiligung. Sie betreibt eine alles umfassende (= katholische) Seelsorge auf der Basis der Heiligen Schrift (= evangelisch).

Auf der Suche nach den Wurzeln einer gestörten Selbstfindung wird man vielleicht die unterschiedlichen Kindheitsphasen oder spätere Traumata erhellen. Ich muß mich nicht in den Gedanken verbeißen, daß gegenwärtige Probleme zwingendermaßen den frühkindlichen Jahren oder gar dem Leben vor dem Leben entstammen. Was aber macht der Patient, wenn er einmal erkannt haben sollte, wo die Ursachen seines Problems liegen? Was macht er mit seiner Wut gegen Lehrer, Erzieher und Kameraden, die ihn vielleicht gedemütigt haben und so Mitbegründer seines jetzigen seelischen Schmerzes sind? Lernt er, seine Vergangenheit anzunehmen und Versöhnung einzuüben? Schaut er nach vorne, um mit Gottes und des Therapeuten Hilfe positive Lebensgestaltung auszuprobieren? Oder schaut er immerfort rückwärts, die Fehler bei anderen suchend und Gott anklagend? Oder nimmt er das Erlösungskonzept selbst in die Hand?

Gewiß sind Rückblicke manchmal notwendig. Doch werde ich das Gefühl nicht los, daß dabei nicht wenige zur Salzsäule erstarren wie weiland Lots Frau, weil sie ihre Vergangenheit nicht losließ. Die endlosen Analysen bergen die große Gefahr in sich, den Patienten zum ichzentrierten, vergangenheitsorientierten, therapeutenabhängigen Dauerpatienten zu machen. Die eigentliche Wunde bleibt stets die gestörte oder fehlende Beziehung des Menschen zu seinem Schöpfer. Sie ist die Ursache des privaten wie kollektiven Unheils in der Welt. Und diesen Zusammenhang den Menschen klarzumachen, ist Jesus auf die Erde gekommen. »Seid vollkommen wie euer Vater im Himmel!« (Mt 5,48) Gemeint ist: Seid ungeteilt! Ihr könnt nicht Gott und dem Mammon dienen! Ihr könnt euch nicht mit faulen Kompromissen einen behaglichen Glaubensbungalow schaffen, frei von sozialer Verantwortung bei regelmäßigem Kirchgang. Wer Gott lieben will, zugleich aber dem Nachbarn dauernd eins auswischen möchte; wer eine kalkulierte Mittelmäßigkeit im Glauben lebt, erkrankt. Seine Krankheit ist lediglich spürbarer Ausdruck einer verborgenen defekten Gottesbeziehung.

# DER PSYCHOSOMATISCHE ASPEKT IN DER BIBEL

In jeder Eucharistiefeier sprechen die Gläubigen einen Satz aus, der vielen in seiner tiefen Bedeutung gar nicht klar ist: »Herr, ich bin nicht würdig, daß du eingehst unter mein Dach; aber sprich nur ein Wort, so wird meine Seele gesund!«

Es handelt sich hierbei um das abgewandelte Zitat des Hauptmanns von Kafarnaum, der Jesus um die Heilung seines Knechtes bittet. Und da diese Heilung auf eine körperliche Erkrankung bezogen war, ärgert es mich, daß die Liturgiekommission diesen physischen Aspekt ausklammerte und statt dessen einseitig die Seele hervorhob. Wie wohltuend ist da die französische Formulierung: »Dis seulement une parole et je serai guéri.« (»Sprich nur ein Wort und ich werde geheilt sein.«) Hier wird diese dualistische Abspaltung nicht praktiziert. Der ganze Mensch mit Leib und Seele wird als Einheit gesehen und in die Heilungsbitte einbezogen. Das wird der Hauptmann von Karfarnaum sicher auch gemeint haben, als er Jesus bat, seinen gelähmten und unter großen Schmerzen leidenden Diener zu heilen: »Sag nur ein Wort und mein Diener wird gesund!« (Mt 8,8)

Die Bibel kennt keinen Dualismus von Leib und Seele. Beides gehört zusammen, denn körperliche Krankheiten wurden stets auch als Störungen der Seele verstanden, als Folge der Heillosigkeit der Welt. Und immer wieder spricht Jesus die Vergebung der Schuld zu, damit die Voraussetzung auch zur leiblichen Heilung erfüllt wird.

Es gibt zweifellos einen psychosomatischen Aspekt der Sakramente, wie es uns die Kirchenväter bezeugen und wie dies in unseren Tagen wieder neu erfahren wird. Sind sich die Christen tatsächlich im klaren über diese heilende Wirkung? Oder verstehen sie jene Heilungsbitte nur symbolisch? Jeder Priester kann bestätigen, daß der aufrichtige Empfang der Sakramente, vor allem der Buße, der Eucharistie und der Krankensalbung einen psychosomatischen Heilungseffekt hat. Es ist schade, daß diese Erfahrung so wenig genutzt wird. Michael Marsch schreibt in seinem Buch »Heilung durch Sakramente«, daß in jeder Eucharistiefeier um die Heilung jedes Menschen gebetet wird. Er fragt sich, warum aber so wenig Heilungen geschehen. »Wenn wir überhaupt etwas erwarten, dann sind diese Erwartungen allzuoft mit allzu festen Vorstellungen verbunden, was in meinem Leben anders werden soll und welche Auswirkungen das haben soll – und wir sind enttäuscht, wenn eben diese Veränderung, Verbesserung oder Heilung nicht eintritt. Ja, wir übersehen in dieser Verbitterung vielleicht eine Heilung, die tatsächlich eingetreten ist, weil sie viel dringender war als die von uns erhoffte.« (S. 52 f.)

Ich kann aus eigener Praxiserfahrung bestätigen, daß eine vollständige Heilung mancher Patienten erst eintrat nach Empfang der Sakramente, vornehmlich des Bußsakramentes. Dies bedeutet keinen Automatismus; Gott läßt sich nicht mit Hilfe der Sakramente verfügbar machen; das wäre Magie. Aber wer aufrichtig Genesung erhofft und in diesem Vertrauen auf Gott zugeht, darf damit rechnen, daß etwas geschieht. Autosuggestive Effekte, die hier mitschwingen können, schmälern die Würde Gottes nicht.

Der Begriff »Seele« (hebräisch »nefesch«, griechisch »psyche«) bezieht sich in der Bibel stets auf den ganzen Menschen, in allen Aspekten seines Lebens. Bei Mt 16,25 lautet die Übersetzung des Wortes »psyche«: »Wer sein LEBEN retten will, wird es verlieren...« So betrachtet meint Seelsorge immer auch Leibsorge und ärztliche Sorge immer auch Seelsorge. Doch die unheilvollen Zustände in den Bemühungen um das Heil des Menschen entstammen unter anderem dem dualistischen Denken der Schulmedizin, die vorwiegend immer noch symptomorientiert arbeitet bzw. mit chemischen Mitteln den seelischen Störungen beizukommen versucht. Die Verwirrung ist perfekt: Der seelisch Kranke geht zum Nervenarzt, der nervlich Kranke geht zum Seelenarzt und der geistig Kranke kommt in die Nervenklinik, während der Hektiker mit seinem nervösen Reizmagen sich vergeblich mit Rollkuren herumschlagen muß, ohne je seine falsche Denk- und Arbeitsweise korrigieren zu müssen.

Die Geschichte von der Heilung des Aussätzigen zeigt uns den ganzheitlichen Aspekt, um den eine christliche Psychotherapie nicht herumkommt.

»Einmal kam ein Aussätziger zu Jesus, fiel vor ihm auf die Knie und bat um Hilfe. ›Wenn du willst‹, sagte er, ›kannst du mich gesund machen.‹ Jesus hatte Mitleid, streckte die Hand aus und berührte ihn. ›Ich will‹, sagte er, ›sei gesund!‹ Im selben Augenblick war der Mann von seinem Aussatz geheilt. Da befahl Jesus ihm: ›Sag niemand davon, geh zum Priester und laß dich von ihm untersuchen. Dann bring für deine Heilung das vorgeschriebene Opfer dar...‹« (Mk 1,40 ff.)

Hier haben wir einen Menschen vor uns, der nicht nur an einer rein äußerlichen Hautkrankheit leidet; er ist vielmehr in seiner ganzen Psyche krank: Einmal ist er ein aus der Gesellschaft Ausgestoßener, der bei den Gesunden Berührungsängste auslöst, weil er eine ansteckende Gefahr bedeutet. Zum anderen stellt der Ausschlag psychosomatisch eine Reaktion auf fehlende Streicheleinheiten dar. Jesus wußte darum. Und wir müssen uns heute diese verborgenen Zusammenhänge wieder neu erwerben. So berührt er den Unberührbaren und nimmt ihn damit wieder in die Gemeinschaft auf. Es muß sich hierbei nicht um Lepra handeln, da man alle Formen von Hautausschlägen mit dem Begriff »Aussatz« belegte. Es gibt übrigens eine Form von Aknen und Ekzemen, die als Ausdruck des Körpers für unterdrückte Gefühle und Wünsche zu verstehen sind. Was einem unter die Haut geht, aber nie verbal ausgedrückt wird, drückt die Haut aus; denn wer nicht gelernt hat, auch mal aus seiner Haut zu fahren, zwingt die Haut zum Ausfahren...

So ist es auch völlig klar, daß nun nach erfolgter Heilung der Haut auch seine emotionale Befreiung durchbricht: Trotz des Redeverbots, das Jesus ihm auferlegt, erzählt er es allen Leuten. Zu groß ist diese be-rührende Geschichte, als daß er sie für sich behalten könnte. Schließlich folgt der geistliche Aspekt: Er soll sich dem Priester zeigen, der damals zugleich die Funktionen eines Arztes ausübte, und sein Dankopfer dem Herrn darbringen.

Die Therapie, die hier vollzogen wird, umfaßt also jeden Bereich des menschlichen Lebens: Körper, Seele, Gemüt, Glaube. Würde ein Teil ausgelassen, wäre die Heilung unvollständig. Was sich hier in Minuten abspielt, benötigt in der therapeutischen Praxis Wochen, Monate, Jahre. Viele Heilungsprozesse werden aber unnötig verzögert oder blockiert, weil wir häufig nur Teilbereiche des gestörten Menschen beachten. Die meisten Patienten schlucken jahrelang Tabletten in erschreckender Dosis, ohne besondere spürbare Erfolge. Sie wurden wahrscheinlich nie ernsthaft und tief »berührt« von der Sinnfrage, von ihrer Gottesbeziehung und suchten vergebens nach einer befreienden Begegnung mit Gott und Mensch, nach einer liebevollen Umarmung, nach lebenswichtigen Streicheleinheiten. So gleicht mancher dem Aussätzigen, der sich nicht mehr in die Nähe der Menschen wagt.

Am Ende bleibt ihm wirklich nur noch das gestammelte Wort: »Herr, ich bin nicht würdig, daß du eingehst unter mein Dach, aber sprich nur ein Wort und ich werde gesund!«

Eine sehr gute Analyse bezüglich der möglichen psychosomatischen Erkrankung der Jairus-Tochter gibt uns Eugen Drewermann in seiner »Tiefenpsychologie und Exegese«, Band 2 (S. 277 ff.). Wenngleich ich die dogmatische Auffassung Drewermanns, die hinter allen Krankheiten und Besessenheiten hysterische Symptome sieht, so nicht akzeptieren kann und auch die Verkürzung biblischer Ereignisse auf das Archetypische ablehne, besticht doch in vielen Teilen seine Auseinandersetzung aus tiefenpsychologischer Sicht. Mit dem Archetypischen sind allgemeingültige, dem Menschen innewohnende Bildvorstellungen gemeint, deren sich nach Auffassung Drewermanns Jesus konsequent bedient. Für ihn ist ja auch die Person Jesu nichts anderes als die archetypische Verdichtung des Gottessohnes.

Die Jairus-Tochter ist vor Angst gelähmt, sozusagen in hypnoider Erstarrung, weil sie die Rolle des Nesthäkchens ihres prominenten Vaters nicht mehr spielen will. Sie ist im heiratsfähigen Alter und sieht sich von der Obhut des besorgten Vaters erdrückt. Ihn zu verlassen, um einem Mann zu folgen, ist schier unmöglich. Es würde ihm das Herz brechen. Also flüchtet sie vor der Ent-Scheidung in den todesähnlichen hysterischen Zustand einer vollständigen Lähmung. Die Angst vor einer genitalen Berührung, die ja mit der Heirat verbunden wäre, löst den Totstellreflex aus.

Ich hatte ein 17jähriges Mädchen in Behandlung wegen hysterischer Ohnmachtsanfälle, die es stets in Konfliktmomenten hatte: Sie flüchtete in diesen symbolischen Tod, um sich nicht der Auseinandersetzung stellen zu müssen. Sie konnte buchstäblich nicht standhalten. Erst als die Übersorge der Eltern um ihr Kind aufhörte und sie die Ohnmachtsanfälle ignorierten (z. B. das Zimmer verließen oder sie einfach liegenließen), wurde sie lebendiger. Die Anfälle hörten innerhalb von 14 Tagen auf.

Ihr und den Eltern mußte gesagt werden, daß Konflikte normal sind und gelöst werden müssen. Die dazu erforderliche Zuversicht und Zielstrebigkeit (Frustrationstoleranz) läßt sich durch Zureden, durch autosuggestive Maßnahmen stärken. Auch im Fall Jairus mußte der überfürsorgliche Vater angesprochen werden: »Glaube nur! Hab keine Angst!« Und die Tochter stand auf eigenen Füßen...

# HEILUNG IST ZUERST VERSÖHNUNG

Körperliche Heilung und Sündenvergebung sind bei Jesus gleichermaßen wichtig, weil körperliche Leiden, seelische Störungen, selbst geistige Defekte manchmal von einer unvergebenen, verdrängten Schuld herrühren können. Jesus selbst sagt, daß nicht jede Krankheit Folge von Schuld ist (vgl. Joh 9,2 f.), doch liegt dies im Fall des Gelähmten, der erst nach vorausgegangener Vergebung wieder gehen kann, und im Fall des Kranken am Teich Bethesda anders: »Siehe, du bist gesund geworden; sündige nicht mehr, damit dir nicht noch Schlimmeres geschehe!« (Joh 5,14)

Der Mensch kann nur ganz gesund werden, wenn er auch innerlich heil ist. Dann erst läßt sich sagen, daß er kerngesund ist. Ich nehme an, daß einige der heilbaren, doch krank bleibenden Menschen ihre eigene Heilung blockieren durch Aufrechterhaltung von Haß- und Rachegefühlen gegenüber ihren Feinden. Sie sind nicht bereit, diesen Menschen zu vergeben, aber auch nicht imstande, sich die eigenen Fehler zu verzeihen. Es gibt noch andere Blockaden einer Heilung, über die ich in einem späteren Kapitel schreibe. Christliche Therapie deckt solche Blockaden auf. »Erforsche mich, Gott, und erkenne mein Herz; prüfe mich und erkenne, wie ich es meine. Und sieh, ob ich auf bösem Weg bin, und leite mich auf ewigem Wege« (Ps 139,23 f.). Gott selber deckt Schuld auf. Dabei muß nicht verkrampft nach Sünden gesucht werden; zwanghaftes Herumstochern in der Vergangenheit schadet der Therapie. Gott vergibt die verborgenen, unerkannten Sünden (1 Joh 1,9), wenn ich sie ihm in Reue abgebe.

Eine Frau, 42 Jahre alt, suchte mich wegen Depressionen auf. Alle bisherigen therapeutischen Versuche schlugen fehl. Die Anamnese ergab nichts Auffälliges, das die Depression hätte erklären können. Einiges sprach für eine sogenannte endogene Depression, bei der eine klare Ursache nicht zu finden ist. Auffällig war allerdings, daß sie bei jeder Sitzung eine kleine Verletzung mitbrachte: Einmal war es eine Schürfwunde an der Stirn, dann eine Verletzung am Finger, ein andermal kam sie mit einem Verband am linken Arm. Ich fragte sie, wofür sie sich bestrafe, und ließ sie den genauen Hergang der Verletzungen berichten. Ihr fiel selber plötzlich auf, daß sie häufig in der Nähe von Geschäften mit Baby- und Kinderartikeln stolperte, zu Boden fiel, an der Hauswand sich schürfte und so fort. Schließlich bekannte sie zwei Abtreibungen, die sie vor 20 Jahren durchführen ließ und nie in einem Beichtgespräch erwähnte. Sie, die »tief gefallene Frau«, bestrafte sich selbst für diese Schuld. Erst später traten dann die Depressionen ein. Auf ihre Zustimmung hin sprach ich am Ende dieser entscheidenden Sitzung ein Gebet, in dem ich stellvertretend für sie um Vergebung bat, den beiden abgetriebenen Kindern einen Namen gab und sie nachträglich annahm. Sie weinte und nahm sich vor, beichten zu gehen. Ich versprach ihr mein tägliches Gebet um Heilung. Einige Zeit später begannen sich die Depressionen zu lösen. Die geplanten weiteren sieben Sitzungen waren nicht mehr erforderlich.

Leider verlaufen die meisten Therapien nicht so einfach. Der mühsame Prozeß des Loslassens und Annehmens, dem eine teilweise Besserung folgt, ist der Normalfall. Nicht alle Depressionen sind Folgen schuldhafter Handlungen. Zunächst läßt sich sagen, daß körperliche und seelische Leiden in der Regel natürliche Reaktionen auf eine unnatürliche Situation sind. Der menschliche Organismus reagiert normal, wenn er gegen verdrängte, unbewältigte Konflikte rebelliert; wenn er durch seine Funktionsstörungen signalisiert: Hör auf, weiterhin Theater zu spielen! Bekenne Farbe! Versöhne dich mit dir selbst und mit dem Betreffenden, der dich gedemütigt und verletzt hat, auch mit Gott, der dieses psychosomatische Unheil zu deinem geistlichen Heil zugelassen hat.

Nun gibt es Patienten, die trotz mehrmaliger Beichte und Vergebung keinerlei Schuldbefreiung und Erleichterung verspüren; sie kommen manchmal sogar verzweifelter aus dem Gespräch heraus als sie hineingingen. Hier ist zu vermuten, daß sie entweder keine ehrliche Reue zeigten oder daß sie funktionale, unechte Schuldgefühle gebeichtet haben. Eine auch sanft unterdrückende Erziehung kann nämlich ein Kind unschuldig schuldig machen, indem sie z. B. droht: »Ins Grab bringst du mich noch« oder indem sie durch Androhung von Liebesentzug gefügig machen will: »Wenn du nicht brav bist, hab ich dich nicht lieb!« Mit einer solchen Erziehung, die Anpassung und Gefälligkeit als pädagogische Ziele betrachtet, werden falsche Anpassung und falsches Schuldbewußtsein erzeugt. Der so bedrückte Mensch wird sich stets schuldig fühlen, wenn er zum Beispiel seinen eigenen Willen durchsetzen möchte, wenn er mal »nein« sagt und trotzt, auch da, wo es zu seiner Selbstentfaltung und Originalität erforderlich ist. Bekennt er diese »Schuld«, wird er sich nicht leichter fühlen, da er ja instinktiv ahnt, wie richtig und wichtig diese Eigenständigkeit für seine Menschwerdung ist. Er vermag nicht mehr zwischen echten und falschen Schuldgefühlen zu unterscheiden.

Ein dritter Grund für das bleibende Schuldempfinden kann die mangelnde Selbstvergebung sein. Gott vergibt jedem, der sich in Reue an ihn wendet. Doch ist es für die Heilung des ganzen Menschen ebenso wichtig, sich selbst zu vergeben, d. h. wegzugeben. Der Selbsthaß, der sich in ständiger Unzufriedenheit und versteckt aggressiven Verhaltensweisen zeigen kann, auch in falsch verstandenen Selbsterniedrigungen und Selbstbestrafungen, blockiert die körperliche oder seelische Heilung. Es ist keine leichte Sache, dem Patienten deutlich zu machen, daß hierin möglicherweise sein Unheil begründet liegt. »Wer selber sich nichts gönnt, wem wird der Gutes tun? Sein eigen Glück wird er mitnichten finden!« (Sir 14,5) Gott will heilen, zumindest immer innerlich, d. h. die Beziehung zwischen dem Menschen und ihm. Doch der Mensch ist es, der ihn nicht an sich heranläßt, sei es aus Angst vor einer grundlegenden Veränderung seines Lebens, sei es aus dem Irrtum heraus, seine Schuld sei zu groß und daher unvergebbar.

Seelsorgerisch heißt es: Die Reue und Versöhnungsbereitschaft sind Voraussetzungen zur Erlangung des Heils. Therapeutisch heißt es: Die Bewußtmachung verdrängter Schuld ist die Voraussetzung zur Heilung.

Der Vorgang der Versöhnung ist mitunter ein jahrelanger Prozeß, da seelische Verletzungen tief liegen und einen sensiblen Menschen existentiell zerstören können. Der Therapeut tut gut daran, keinen Druck auszuüben oder ungeduldig zu werden. Auch dem Patienten muß gesagt werden, daß er Zeit haben darf; Gott anerkennt die ersten Bemühungen auf diesem Weg der Versöhnung. Durchspielen der verletzenden Situationen, Abgeben im freiformulierten Gebet, phantasierte Versöhnungsszenen (Imagination, katathymes Bilderleben) oder Rollenspiele sind therapeutische Hilfen zur Bewältigung der Vergangenheit. Das regelmäßige Gebet um Heilung der Erinnerungen und der Verletzungen ist hierbei von eminenter Bedeutung.

Ich pflege, das Gebet zum Abschluß einer Sitzung frei zu sprechen, wobei ich im Stil der Gesprächstechnik (Paraphrasie) vorgehe: Alles bisher Gesagte und Empfundene wird noch einmal in komprimierter Form verbalisiert und von mir stellvertretend vor Gott gebracht. Nicht selten erbitten die Patienten das Gebet schriftlich, um es mit nach Hause zu nehmen.

Jesus heilte die Gebrechen oftmals nach vorausgegangener Sündenvergebung. Im griechischen Urtext bedeutet das dort stehende Wort akéomai: heilen, wiederherstellen, versöhnen. Im Klartext: Jede wirkliche Heilung beinhaltet zugleich auch eine Wiederherstellung der gestörten Beziehung zu Gott und zum Mitmenschen. Ich muß auf der horizontalen (sozialen) Ebene vergeben und auf der vertikalen (religiösen) Ebene. Beide stellen das Kreuz dar. Ich kann mir nicht denken, daß eine Therapie, die nur eine Ebene berücksichtigt, zur ganzheitlichen Heilung führt. Die zunehmende notvolle Suche vieler Menschen nach einem christlichen und biblisch orientierten Arzt bzw. Psychologen zeigt die Dringlichkeit einer biblisch fundierten Psychotherapie. Daß soviele Menschen dabei abgleiten in die esoterische und okkulte Praxis, mag unter anderem auch daran liegen, daß wir zu wenig christliche Heiler haben.

Nicht jede Erkrankung geht einher mit persönlicher Schuld. Auch die Schuld anderer kann uns krank machen: Die Verklappung der Meere und die wider besseres Wissen durchgeführte Umweltverschmutzung durch die Industrie greift in die Schöpfung ein und schadet auch Unschuldigen. Dahinter verbirgt sich nicht nur ein möglicher Mangel an unschädlichen Alternativen, sondern auch ein Verlust an Menschlichkeit, ein Mangel an Verzichtfähigkeit, Machtstreben und Habsucht, Gedankenlosigkeit und in jedem Fall Maßlosigkeit.

Aber so wie durch eine Person viele unschuldige Menschen krank werden können, so können auch durch eine Person viele Schuldige gerettet werden. Im ersten Fall handelt es sich um Adam, der in jedem von uns steckt. Wir alle sind Adam (hebr. adama = Menschheit); im zweiten Fall handelt es sich um Jesus, der in jedem Christen lebt.

Ich bin gewiß, daß es nur dem anonymen Heer gläubiger Beter zu verdanken ist, daß die Welt nicht noch größeres Unheil erleiden muß. Denn das Gebet ist die einzige Kraftquelle, die effektiv Unmögliches ermöglichen kann; und sei der Glaube nur so groß wie ein Senfkorn.

Heilung und Gebetserhörungen sind aber nur möglich, wenn nicht Selbstmitleid und Groll im Wege stehen. Selbstmitleid ist eine Form mangelnder Selbstbejahung bzw. Selbstvergebung. Wer ständig mit sich und anderen grollt, blockiert Gottes Handeln. »Im Groll wagst du es, mich um Heilung zu bitten!? Fürwahr, du bekommst sie nicht.« – »Grolle nicht dem Nächsten, vergib die Schuld.« (Sir 28,3 + 7)

Die christliche Therapie kommt nicht daran vorbei, den peinlichen Komplex von Schuld, Selbstbedauern, Selbstbestrafung zum Thema zu machen. Manchmal kommt es vor, daß Patienten die Therapie abbrechen, einfach nicht mehr erscheinen oder unter irgendeinem Vorwand die weiteren Termine absagen. Dahinter kann je nach Stand der Dinge die Angst stecken, jetzt an der Wunde berührt zu werden. Sie hatten sich die Therapie anders, einfacher vorgestellt. Es kann aber auch sein, daß der Therapeut zu vorschnell oder zu unsensibel zum Kern des Unheils vordrang; das wird von empfindsamen Patienten eher als Demaskierung empfunden, nicht als Bewußtmachung.

»Die Stunde war noch nicht gekommen«, könnte man sagen; denn »alles hat seine Zeit« (Pred 3,1).

So ist es geraten, verstärkt um den Geist der Erkenntnis, der Unterscheidung, der Klarheit zu beten, wenn die Therapie keinerlei Fortschritte zeigt.


## WIE GING JESUS MIT GEFÜHLEN UM?

Eines der wundesten Kapitel in unserer Erziehung ist der Umgang mit unseren Gefühlen und mit den Empfindungen anderer. Immer noch behandeln wir unsere elementaren Bedürfnisse und seelischen Erregungen wie Wut, Ärger, Zorn, Enttäuschung, Angst, Trauer, Schuld, Freude, Sehnsucht stiefmütterlich: Wir gestatten sie uns nicht, weil wir dann neuerliche Ängste bekommen, etwa die Angst vor Ablehnung. Wir erlauben sie auch unseren Kindern nicht aus Angst vor den eigenen, verdrängten Anteilen, aus einem falsch verstandenen Imagedenken heraus.

Wenn Erzieher die Tränen ihrer Kinder durch Bemerkungen wie »Heul jetzt nicht« oder den aufgestauten und geplatzten Zorn mit Drohungen, Schlägen und anderen unsinnigen Sanktionen zu unterbinden versuchen, verraten sie möglicherweise Selbstablehnung und Abwehr eigener unverarbeiteter Konflikte.

Wenn aber Wut, die ja der Ausdruck eines noch lebendigen Menschen ist, immer wieder blockiert wird, verwandelt sie sich in Apathie und Depression, begleitet von somatischen Funktionsstörungen, etwa von Magenerkrankungen, die von der »Wut im Bauch« verursacht werden. Gefühle des Protests verkümmern dann zu kläglichen autoaggressiven Umkehrungen: Der Mensch zerstört sich selbst: Nägelkauen, Haareausreißen, Bettschaukeln, Sadomasochismus, querulatorische Psychopathie, Süchte aller Art treten ein. Nach außen hin erscheint er angepaßt, brav, solange, bis er keinen Mut mehr zur eigenen Autonomie hat. Dann bleibt ihm nur noch die Möglichkeit, seine Wut gegen alles zu richten, was ihn auffordert, endlich einmal selbständig zu werden, aus sich herauszugehen.

Jesus hat an keiner Stelle Gefühle – welche auch immer – unterbunden. Er hat seine eigenen gezeigt und die anderer gestattet, obgleich er manchmal dadurch in die Schußlinie der Frommen geriet. Er hielt auch keineswegs die andere Wange hin, wie Joh 18,23 beweist: »Habe ich Unrecht getan, beweise es mir. Habe ich nicht Unrecht getan, warum schlägst du mich?« Die in der Bergpredigt gemachte Aussage meint Gewaltlosigkeit, nicht verbales Stillhalten, wiewohl er selbst auch dies praktizierte. Dennoch warf er die Tempelhändler aus dem Vorhof, stieß ihre Tische um (Lk 19,45) und zeigte eine erstaunlich »unbeherrschte« Regung, die nur als heiliger Zorn erklärbar ist. Es ging um die Entweihung des Tempels, die er als Verletzung der Würde seines himmlischen Vaters nicht hinnehmen konnte.

Als 12jähriger lief er von seinen Eltern fort und bereitete ihnen Kummer und Schmerz. (Lk 2,41 ff.) Diese psychologisch wichtige Erzählung weist auf die Notwendigkeit der Abnabelung hin, die mit Beginn der Pubertät einsetzen muß. Jesus gehorchte seinem himmlischen Vater, d. h. seinem inneren Ruf (Berufung), der nicht unbedingt den Eltern Schmerzen erspart. Diese Durchsetzung der eigenen Autonomie, die immer im Einklang mit dem göttlichen Willen stand, und seine Bejahung menschlicher Gefühle bewahrten ihn vor Krankheiten, vor neurotischen Fehlentwicklungen. Er war kern-gesund.

An keiner Stelle zeigte Jesus soviel gegensätzliche Emotionen wie bei der Erweckung seines toten Freundes Lazarus:

»Jesus sah sie (Maria) weinen; auch die Leute, die mit ihr gekommen waren, weinten. Er wurde *zornig* und war sehr *erregt*. ›Wo liegt er?‹ fragte er. ›Komm, wir zeigen es dir‹, sagten sie. Jesus kamen die *Tränen*. Da sagten sie: ›Er muß ihn sehr geliebt haben.‹ Aber einige meinten: ›Den Blinden hat er sehend gemacht. Warum hat er nicht verhindert, daß Lazarus gestorben ist?‹ Aufs neue wurde Jesus *zornig*. Er ging zum Grab... Und Jesus sprach: ›Ich *danke* dir, Vater, daß du meine Bitte erfüllst...‹« (Joh 11,33 ff.)

Wir können davon lernen: Wenn wir unsere Empfindungen nicht ausdrücken, erstarren wir seelisch, körperlich und geistig: Muskelverkrampfungen, Gefäßverengungen, Hautausschläge, rigides und intolerantes Denken.

Es ist unchristlich, sich vor notwendigen Auseinandersetzungen drücken zu wollen, etwa im Hinblick auf die geforderte Nächstenliebe und Selbstverleugnung. Über diese Mißverständnisse habe ich mich zur Genüge in meinem Buch »Stell dein Licht auf den Leuchter« geäußert, so daß ich mir hier Wiederholungen ersparen kann.

Viele Menschen neigen dazu, Schmerzen als Krankheit und Lust als Gesundheit anzusehen. Das Ergebnis ist die Suche nach Lust und Freude, die Unterdrückung von peinlichen Gefühlen, die dann in einem jähen Augenblick herausbrechen können. Eine solche Verneinung menschlicher Sensibilität pervertiert zur Sentimentalität oder verunmöglicht in ihrer erstarrten Form die Fähigkeit, Schmerz auszuhalten, Leiden anzunehmen und zu lindern.

Wenn ich von Autonomie spreche, meine ich nicht die Art von Selbstverwirklichung und Durchsetzung, die in vielen atheistisch geprägten Therapien unter Ausblendung der Sinnfrage menschlichen Leids gefördert wird, also Erfolg, Macht, materielles

Glück und Ansehen. Denn genau diese Art Lebensmeisterung blockiert das kindliche Gefühlsleben. Mit Autonomie meine ich die Übereinstimmung mit seinen eigenen Gefühlen und mit seinem Schöpfergott, unabhängig von der öffentlichen Meinung. Alles andere führt zu Abhängigkeit, zur Pervertierung der Ohnmacht in Allmachtsgebaren, des Zorns in Scheinfreundlichkeit, der Angst in Überfürsorglichkeit und erdrückende Liebe.

Ich erfahre immer wieder gerade bei jungen Patienten, daß sie nicht imstande sind, ihre Empfindungen zu verbalisieren. »Wenn ich nur wüßte, was mir fehlt«, seufzte eine junge Frau, die die Wut auf ihren ständig manipulierenden Vater nicht mehr hinter ihrer schuldbeladenen, doch stets lächelnden Maske erkennen konnte. Dieses Lächeln, das sie selbst beim Klagen behielt, war das erfrorene Lächeln eines angepaßten, gefällig sein wollenden Menschen.

Gewiß erfordert manche Situation die Beherrschung meiner Gefühle und Gedanken. Wer als Kind wiederholt zu hören bekommt, daß er gefälligst auf die Zähne beißen sollte, nicht weinen darf, keinen Mucks von sich geben darf und in den Ansätzen seiner Gegenwehr bereits empfindlich bestraft wurde, wird sich später schwer tun, seine Gefühle zu bejahen. Er wird stets das tun, was andere von ihm wünschen. Auf diese angepaßte Weise »verdient« er sich die Zuwendung der anderen.

So befürchten die einen Ablehnung für den Fall einer heftigen Auseinandersetzung; die anderen haben Angst, bei Ausbruch ihrer Gefühle nicht mehr Herr der Lage zu sein. Wieder andere haben von Kindheit an ihre elementaren Empfindungen und Bedürfnisse unterdrückt, so daß sie längst nicht mehr wissen, was sie überhaupt noch fühlen sollen und aussprechen dürfen.

Mir scheint, daß die heutige Gesellschaft Hilflosigkeit nicht ertragen kann, da sie sie mit Ohnmacht und Versagen gleichsetzt. Sie kann ihre Grenzen nicht anerkennen, auch nicht das Angewiesensein auf Gott; denn das bedeutet ja Begrenzung der eigenen Macht, Verantwortlichkeit einem personalen Du gegenüber. Jesus war deshalb so heil und lebensbejahend, weil er stets mit seinem Vater verbunden blieb, sich eins mit ihm wußte. Das ist jene Vollkommenheit und Ganzheitlichkeit, die er meinte, wenn er sagte: »Seid vollkommen wie euer Vater im Himmel!« (Mt 5,48) Es scherte ihn nicht, was die Leute über ihn dachten und redeten. Sein Tun und Reden war ausschließlich auf Gott hin orientiert.

Er mußte sich nicht ständig beweisen, um sich geliebt zu glauben. Deshalb konnte er auch Gefühle gestatten, die schmerzlich waren. Er war spontan wie ein Kind. Wir hingegen haben Angst, uns so zu zeigen, wie wir sind (wenn wir überhaupt noch wissen, wie wir ursprünglich sein wollten), weil wir glauben, abgelehnt zu werden. Diese Anklammerungstendenz bei gleichzeitiger Verlustangst stellt sich mitunter so dar:

»Ich liebe dich und habe Angst, dich zu verlieren. Deshalb tue ich alles für dich, um dich zu behalten; denn ohne dich könnte ich nicht leben. Ich halte mich nicht für liebenswert und attraktiv und habe demzufolge ständig eifersüchtige Ängste; denn ich kann nicht glauben, daß du mich für so liebenswert hältst, wie du vorgibst. Sage mir, wie du mich haben willst, und ich werde mir Mühe machen, für dich alles zu tun. Irgendwo hasse ich mich manchmal, wohl deshalb, weil ich dauernd Theater spiele und deinetwegen mich anders gebe als ich bin. Ach, alles ist so belastend. Ich habe nie gewußt, wie anstrengend und lästig Liebe sein kann.«

Diese Tragikomödie, die den Verlust der Autonomie mit Liebe verwechselt, spielt sich tagtäglich in der Psyche von Millionen Menschen ab. Wenn sie mit sich und ihrem Gott im reinen wären, verlören sie Verlustängste, akzeptierten sie schmerzliche Grenzerfahrungen, litten sie nicht so häufig, so unerträglich an psychosomatischen Erkrankungen. Nun kann man leicht sagen: »Was können diese armen Kreaturen dafür? Sie sind so erzogen worden.« Gut. Dann frage ich weiter: Warum haben sie sich nicht gewehrt und diese Erziehung spätestens im Jugendalter in Frage gestellt und korrigiert? Weil sie sich nicht wehren durften! Das heißt: Sie mußten ihre Wut unterdrücken und sich fügen. Oder: Sie wußten es nicht besser. Oder: Sie wurden auf das vierte Gebot, die Eltern zu ehren, eingeschworen.

In der Tat: Viele wurden im Deckmantel eines christlichen Gebotes zu haßliebenden Mitmenschen erzogen. Zu wenig wird die Empfehlung des Apostels Paulus beachtet: »Ihr Eltern, reizt eure Kinder nicht zum Zorn!« (Eph 6,4)

Der Zorn eines Menschen hat stets Gründe, die es zu erkennen gilt, statt ihn zu verbieten. Es geht nicht um ein zielloses, beleidigendes Drauflospoltern. Weder das rücksichtslose Wehtun noch das »rücksichtsvolle« Nichtwahrhabenwollen ist ein Weg zur Selbstverwirklichung. Allein das Erkennen, Bekennen und Begründen meiner Gefühle und Bedürfnisse bewahrt vor der Zerstörung meiner Verwundbarkeit. Jesus hat seine Verwundbarkeit nie verleugnet; seine Ängste und Schmerzen zeigte er am eindrucksvollsten am Ölberg und später während des gesamten Schauprozesses bis hin zum Tod.

Christliche Therapie will im Menschen auch die verschütteten religiösen Gefühle freilegen, da sie zu den elementarsten Bedürfnissen gehören. Es gibt keinen Volksstamm, keinen Menschen, der nicht originell eine Rückbindung (= religio) an eine höhere kreative Macht in sich spürte. Das abzustreiten verrät Blindheit, wenn nicht Angst vor der eigenen inneren Leere. Doch Buchstabengehorsam einerseits, Unverbindlichkeit andererseits machen eine lebendige Gestaltung meiner inneren Berufung zunichte. Das eine ist Fundamentalismus, das andere Relativismus. Jesus wollte immer eine Radikalität, die nichts mit Rigorosität zu tun hat, sondern mit Ungeteiltheit.

Christliche Therapie deckt Ängste auf, eventuell zu kurz zu kommen, wenn ich mich auf Gott einlasse. Die Wurzel des weltweiten Unheils liegt eben doch in dieser verdrängten, diffusen Gottesleugnung, abgeschwächt im gestörten Verhältnis zu ihm.

Nun bin ich nicht der Auffassung, daß jeder Psychotherapeut religiöse Seelsorge betreiben müßte. Er tut es, indem er sein fachliches Können einsetzt und den Glauben des Patienten akzeptiert. Schließt Therapie aber Seelsorge aus, weil sie beides für unvereinbar hält, handelt sie unverantwortlich.

Da religiöse Gefühle in unserer Gesellschaft eher verpönt sind, weil man sie für zu intim, zu unmännlich hält, kommt es zu einer Privatisierung des Glaubens. Es ist bezeichnend für unsere Verdrängungskunst, daß Familienmitglieder und Freunde niemals über ihre religiösen Erfahrungen sprechen. Sie wissen oft die intimsten Dinge voneinander, ausgenommen die existentiellen Fragen und Antworten auf den Sinn des Lebens, auf den Glauben.

Für einen Menschen, der an der Sinnfrage scheitert, der vielleicht eine religiöse Neurose entwickelt hat, gibt es kaum Möglichkeiten einer therapeutischen Behandlung. Die Geistlichen, die in den frühen Kulturen immer auch Ärzte waren, sind auf Grund mangelhafter psychologischer Kenntnisse und fehlender Zeit nicht dazu in der Lage. Den Ärzten und Therapeuten fehlt es an geistlichen Erfahrungen. Der Mangel an ganzheitlich arbeitenden Seel-Sorgern ist eklatant. Schon Shakespeare erkannte vor 400 Jahren die Kompetenz des Priesters bei der Waschzwangsneurose von Lady Macbeth, als er den Kastellan sagen ließ: »Mir scheint, sie bedarf des Beichtigers mehr als des Arztes!«

Christliche Therapie will im Einzelfall mögliche infantile Restbestände christlichen Glaubens aufdecken und ihre Entfaltung ermöglichen und nur dort, wo jene religiösen Verdrängungen und Verzerrungen Wurzel körperlicher und seelischer Erkrankungen sind. Das erfordert den ganzen persönlichen Einsatz des Therapeuten mitsamt seinen Glaubenserfahrungen. Er darf also auch nicht zu jung sein. Und vor allem: Er sollte seine eigenen Gefühle durchaus in den therapeutischen Prozeß mit einbringen.


## DAS ZENTRALE DOPPELGEBOT DER LIEBE

Kaum ein Begriff wird so zerredet und mißverstanden wie der Begriff der Liebe. Pädagogen und Psychologen haben alle Mühe, immer wieder den Zusammenhang zwischen Selbst- und Nächstenliebe darzulegen und auf die Notwendigkeit der Feindesliebe hinzuweisen, die sich vornehmlich in der Vergebung und Fairneß ausdrückt.

Bei Mt 22,37 macht Jesus eine zentrale Aussage: »Liebe den Herrn, deinen Gott, von ganzem Herzen, mit ganzem Willen und mit deinem ganzen Verstand. Dies ist das größte und wichtigste Gebot. Das zweite ist gleich wichtig: Liebe deinen Mitmenschen wie dich selbst!« (Mt 22,39) Darüber hinaus weist er auch auf die Feindesliebe hin (Mt 5,44), die er mit einigen praktischen Verhaltensregeln ausführt (Mt 5,39–42).

Wer hätte keine Probleme mit sich und seinem Nächsten, wenn er in einer Krise steckt? Wer würde nicht mit seinem Gott hadern in mißlichen Situationen? Wer würde seine Widersacher nicht zum Teufel schicken inmitten seiner Misere? Hier zeigt sich am deutlichsten unser Schwachpunkt, der immer auch in einem

Mangel an Selbstliebe liegt, wenn wir bei anderen genau jene Fehler verteufeln, die wir selber haben oder haben könnten.

Die Qualität der charakterlichen Reifung erweist sich oft erst in Phasen der Enttäuschung und des Unglücks. Hier zeigt sich, ob ich mich selbst akzeptiere und liebe oder ob ich in zerstörerischem Selbstmitleid und im Groll gegen jedermann opponiere. Viele Patienten suchen ausschließlich Hilfe im Partner oder im Therapeuten oder in magischen Techniken und bereiten sich so die nächste Enttäuschung vor; denn keiner kann auf Dauer ihren überhöhten Erwartungen gerecht werden. Sie erwarten ihr Glück von anderen und geben ihre Selbständigkeit auf, bis sie an den Rand ihrer Selbstverneinung gelangen (»Ohne dich kann ich nicht leben!«), die sie mit allerlei Abwehrmechanismen zu verdrängen suchen.

Es gibt Menschen, die meinen, eine Partnerschaft dürfe keine Krisen haben. In ihrer Unfähigkeit, Konflikte auszuhalten und gemeinsam zu lösen, projizieren sie eigene Täuschungen in den Partner hinein. In Wahrheit mögen sie sich selber nicht und erwarten stets Zuwendung von anderen. Solche Denkweise hindert sie auch daran, Vergebung zu üben. Sie sammeln die Fehler des anderen, sie pflegen ihre inneren Verletzungen und Kränkungen und verwehren sich dadurch genau das, was sie zutiefst erhoffen, nämlich Zuwendung. Das alles verrät Egoismus, keineswegs Selbstliebe. Und Selbstliebe ermöglicht erst die Liebe zum Menschen. Die irrige Meinung, Selbstliebe sei Egoismus, kann nur dort blühen, wo die Notwendigkeit eines Neinsagens abgeblockt wird. Wer stets Gefühle schluckt, niemandem weh tun will und sich selbst zurückstellt, um notwendigen Auseinandersetzungen aus dem Weg zu gehen, wer so selbstlos tut und seine eigenen Bedürfnisse vergißt, wird bald sein Selbst los und zeigt als Folge davon die Suche nach seinem Selbst (Selbstsucht) noch unter dem Deckmantel sozialer Hingabe. Seine Überaktivitäten im Beruf, in der Gemeinde können dann Ausweichmanöver sein und Ersatzlösungen für verhinderte Krisen, für vermiedene, zur Reifung aber erforderliche Konfliktaustragungen. Dieser Mensch verkümmert.

Nur wer sich mitsamt seinen Schwächen anerkennt, vermag sich auf Veränderung einzulassen und die Schatten seiner Mitmenschen anzuerkennen. Lieben, kennen und anerkennen gehören zusammen. Selbstliebe ist also wesentlich Selbstannahme. Das griechische Wort Sympathie bedeutet auch Mitleid. Sich selbst leiden zu können ist etwas anderes als an sich selbst zu leiden. Und wenn ich einen Menschen leiden kann, dann bin ich fähig, seine Mängel, seine mißlungenen Absichten zu ertragen, weil ich selbst Ähnliches von mir kenne.

Leidende Menschen klagen häufig unter der Ablehnung ihrer Familie, manchmal auch darunter, daß Gott sie nicht mehr lieben würde. Was die Liebe Gottes betrifft, so muß ihnen klargemacht werden, daß sie keine Grenzen kennt und gerade dem Schwachen, dem Schuldbeladenen gilt. Hier liegt eher die Projektion ihrer Selbstablehnung vor. Was die familiäre Ablehnung betrifft, so mag sie vielleicht vorhanden sein. Warum aber? Provoziert der Kranke durch seine übertriebene Suche nach Zuwendung und Mitleid das Gegenteil? Oder glaubt er auch hier, daß ihn niemand mag, weil er sich selbst nicht für liebens- und lebenswert hält und dieses Denken unbewußt nach außen signalisiert? Nicht wenige, die Freunde suchen, aber Angst vor der Bindung und einer möglichen Ablehnung haben, deuten durch ihr nonverbales Verhalten an: Laß dich nicht zu sehr auf mich ein, es lohnt sich nicht. Ich kann ja doch nicht bestehen. Bleib auf Distanz, sonst gibt es nur Enttäuschungen.

Es kann auch sein, daß die Familie ihre Frustrationen auf das »schwarze Schaf« abwälzt, um sich so vor der sozialen Verantwortung zu drücken; denn Sündenböcke kann man getrost in die Wüste schicken.

Wer andere liebhaben will und selbst geliebt werden möchte, darf sich selber nicht verneinen. Selbstverneinung kann heißen: Sein Äußeres ablehnen und nicht mehr pflegen (oder aber in übertriebener Weise pflegen), seine Fähigkeiten für zu gering achten und unter den Scheffel stellen, seine Wünsche und Gefühle unterdrücken aus Angst vor einer möglichen Ablehnung oder Auseinandersetzung.

Viele depressive Patienten verwehren sich selber den direkten Ausdruck ihrer Gefühle und richten schließlich ihre Aggressionen gegen den berechtigten Drang zur eigenen Lebensentfaltung. Wer so kuscht und stets friedlich wirkt, darf bei den dominanten, überfürsorglichen Menschen mit Zuwendung rechnen, bei den lebensbejahenden, konfliktfähigen Menschen jedoch mit der

Aufforderung, sich endlich einmal so zu geben, wie es die eigenen Bedürfnisse wollen.

Christliche Therapie wird es daher als eine ihrer wesentlichen Aufgaben ansehen, den Menschen zur Autonomie zurückzuführen, d. h. zur Entfaltung seiner verkümmerten Fähigkeiten und zur psychosozialen Menschwerdung. Dies heißt: Zur Befähigung, Konflikte zu erkennen, auszuhalten und in verantwortlicher Weise zu lösen.

Es darf nicht mehr als normal gelten, Bewundertwerden mit Liebe zu verwechseln. Wenn einer liebt, weil der andere reich ist, Ansehen hat, körperliche Attraktivität besitzt, berufliche Erfolge häuft oder Heldentaten vollbringt, dann liebt er Attribute, nicht den Menschen. Viele Beziehungen, auch die zu Gott, gehen kaputt, weil wir Illusionen lieben. Sie sind Produkte unserer Angst vor dem Mittelmäßigen. Wer Angst hat, schwach sein zu können, läuft Gefahr, den Starken zu spielen und sich eines Tages zu verachten, ebenso jene, die ihn um der gemimten Stärke willen lieben. Hier ist der Sadist einzuordnen, der die eigene Schwachheit negiert und im Mittel der Unterdrückung aufpolieren will.

Der liebende Mensch paßt sich nicht des Bewundertwerdens wegen dem gesellschaftlichen Verhalten an; er kann gegen den Strom schwimmen, weil er stark genug ist, nicht von allen geliebt werden zu wollen. Da er mit sich und mit Gott im reinen ist, braucht er keine »Weißmacher«, die sein Image aufpolieren. Jesus legte es nie darauf an, geachtet zu werden, nicht aufzufallen. Er konnte die Stille aushalten, weil sie die Bedingung ist, Lebendigkeit zu erfahren. Heute benötigen erschreckend viele Menschen Stimuli zur Füllung ihrer Leere: Es gibt enttäuschte Christen, die jene Lebendigkeit nicht in ihrer Kirche gefunden haben und auf andere Religionen ausweichen. Dies mag nicht allein an der Institution Kirche liegen, deren Schwerfälligkeit mir selbst sehr zu schaffen macht. Vielmehr scheint es, daß sie die Nähe zu Gott nicht mehr übten und sich allmählich entfremdeten, auch von sich selbst.

Manche finden nach dieser »Selbsterfahrung« wieder zurück in ihre alte geistliche Heimat; sie haben erfahren, daß das Christentum die einzige Religion ist, die die Liebe umfassend und ungeteilt zum Gebot macht: die Liebe zu allen Geschöpfen, vor allem zum leidenden und schwachen Geschöpf, die Liebe zu den Sündern und Ausgestoßenen, die Liebe zu den Feinden und Bedrängern, die Liebe zu sich selbst. Zweifellos bedarf es immer wieder der Korrekturen, der Ermahnung und Ermutigung, der Infragestellung und der Vertiefung durch Gebet, geistliche Führung und Konfrontation mit der Stille.

»Wer sein Leben liebt, verliert es!« (Joh 12,25) Diese Äußerung Jesu ist ein Tiefschlag für jeden, der sich in diesem Leben einzurichten versteht. Jesus war kein Kostverächter; er kannte allerdings die Gefahr, die immer dann bestand, wenn sich einer in der Absicherung seines Lebens verausgabte. Die übertriebene Beschäftigung mit den irdischen Genüssen hat nichts zu tun mit dem »Leben in Fülle«; sie übersieht die unsterbliche Seite des Lebens und läßt am Ende der Tage die Seele leer ausgehen. Es könnte dann die Frage gestellt werden, wieviel der Mensch geliebt hat, nicht wieviel er geleistet hat. Und Liebe hat dann gewiß nichts mit Sex zu tun oder mit der Hingabe an ein Hobby.

Weil der Grad der Liebe in den ersten Lebensjahren mit entscheidet über den Grad der Liebe in späteren Jahren, legt die Therapie einen großen Wert auch auf diese Lebensspanne. Ablehnung, Lieblosigkeiten, Demütigungen können dem Kind so zusetzen, daß es später keine Autonomie entwickeln kann; seine Liebesfähigkeit wird unterbunden oder verkümmert und damit auch die Selbstannahme. Dieses Defizit aufzuarbeiten ist nur noch unter schwierigsten Bedingungen, wenn überhaupt möglich. Es wäre instinktlos, einem solchen ungeliebten Menschen zu sagen, daß immerhin Gott da ist, der ihn liebt. Da Gott sich durch Menschen zeigt, wird die negative Erfahrung des Patienten auch auf diesen Gott ausgedehnt. Das mindeste, wozu der Therapeut jetzt aufgerufen ist, liegt im Erweis seiner Zuneigung. Hier helfen nicht tröstende Worte, sondern liebevolle Taten. Deshalb sind kleine Wohngemeinschaften, in denen solche ungeliebten Menschen Geborgenheit und Zuwendung finden, die beste Hilfe, sich selbst annehmen zu lernen und etwas von der Nähe Gottes zu spüren.

# ICH DARF IM SCHMERZ MIT GOTT RINGEN

Jeder, der echte Seelsorge betreibt, ob Arzt, Priester, Psychologe oder Krankenpfleger, wird sich den Klagen und Anklagen stellen müssen, die viele vom Leid Getroffene äußern. Wir alle wissen nur zu gut, wie rasch eine fromme Seele, wird sie lange genug vom Schmerz gepeinigt, angestaute Aggressionen am Pflegepersonal, an den Familienangehörigen, an Gott und der Kirche ausläßt, ja sich gegen ihren Schöpfer aufbäumt, der sich den verzweifelten Gebeten gegenüber taub zu stellen scheint. Viele gläubige Menschen kehren Gott und damit oft genug auch den bis dahin für sie gültigen ethischen Werten den Rücken, wenn sie trotz jahrelanger Gebete keine Erhörung finden.

Es sind dabei nicht immer die schlechtesten Charaktere, die durch das Leid oft genug zur Umkehr geführt werden und Läuterung erfahren, während mancher bis dahin Fromme aus den Fugen gerät und seinen Gott für jene erlittene Demütigung an den Pranger stellt: Warum läßt du das zu? Du bist kein gerechter und guter Gott. Was habe ich denn verbrochen, daß du mich so strafst!?

Diese in der menschlichen Psyche stets latent vorhandene Stimmung darf in der Therapie keineswegs übersehen werden; sie kann die Probleme immer von neuem nähren und eine Heilung blockieren, mindestens verzögern. Es geht auch nicht an, daß gutmeinende Helfer und Tröster aggressive Haltungen gegen Gott und die Umwelt für unerlaubt oder gar für sündhaft halten und dadurch den Betroffenen in eine noch tiefere Not und Verzweiflung bringen.

Es muß dem Patienten klargemacht werden, daß seine verzweifelte Suche nach irgendeiner Schuld, die sein Leid erklären könnte, nicht zum Ziel führen wird. Gott bestraft den Menschen nicht für seine Schuld, indem er ihm nun ein Leid zufügt. Wenn das so wäre, müßte es vielen Menschen schlechter gehen und anderen wieder, die in allen Geboten treu sind, besser ergehen.

Es ist dem kranken Menschen kaum geholfen, wenn ihm eine rationale Erklärung für seinen bemitleidenswerten Zustand vorgesetzt wird. Das versuchten auch die Freunde des Hiob, der zum Urbild des leidenden, gerechten Menschen in der Welt wurde. Selbst Gott gab in dieser Erzählung keine Erklärung ab.

In aussichtslos erscheinenden Fällen bleibt das stille Mitleiden sowie das Gebet, das dem Patienten angeboten und dann vom Therapeuten laut und frei gesprochen werden kann, oft die einzige wirkliche Hilfe. Die darin enthaltene Ermutigung und ausgedrückte Solidarität darf nicht unterschätzt werden.

Eine bereits 80jährige, doch noch sehr rüstige Dame kam von weit her angereist, um Hilfe zu erbitten: Sie litt unter allen möglichen vegetativen Störungen, die sich nach dem frühen Tod ihres Mannes einstellten. Ich diagnostizierte eine somatisierte Depression. Sie beschuldigte sich der »Sünde gegen den Heiligen Geist«, weil sie immer wieder mit Gott schimpfte und den Zorn gegen ihn vergebens zu unterdrücken versuchte. Immer wieder mußte ich ihr klarmachen, daß sie einem Irrtum erlegen ist: Ihre Haltung ist keineswegs eine Sünde gegen den Heiligen Geist, sondern eine völlig normale Reaktion angesichts gehäufter Schicksalsschläge. Es sei durchaus rechtens, mit seinem Gott zu hadern, zu ringen und vor ihm das Wechselbad der Gefühle auszuschütten.

Ich führte dann mit ihr eine phantasierte, von mir teilweise dirigierte Jesus-Begegnung durch, in der sie alle ihre Empfindungen und Wünsche vortragen konnte, um dann in einem Moment der Stille den Worten Jesu zuzuhören. Während dieses Vorganges, der dem Zustand des katathymen Bilderlebens gleicht, weinte sie ununterbrochen. Nach einer halben Stunde beendete ich diese Imagination. Danach teilte sie mit, wie gut das getan und wie sehr ihr das geholfen habe. In der stillen Phase, in der Jesus zu ihr sprach, habe sie erfahren, daß Gott sie liebt und für die Verwirklichung seiner Pläne braucht. Ob sie bereit sei, sich von ihm führen zu lassen und ihm zu vertrauen, komme, was mag. Sie sagte zu. In der Tat machte sie einen befreiten Eindruck auf mich.

Dieses Beispiel ist nicht typisch. Ich bin selbst immer wieder beeindruckt von derartigen Erlebnissen. Daß die »Stimme Jesu« wohl eher die Stimme des eigenen Unterbewußtseins ist, wertet den therapeutischen Vorgang in keiner Weise ab. Bei vielen anderen Patienten spielt sich in der Imagination nichts ab. Wenn sich nach mehreren Übungen kein Fortschritt zeigt, liegt der Verdacht nahe, daß entweder die Ängste stark abgewehrt werden oder keinerlei bildhafte Vorstellungskraft (Eidetik) vorliegt. Dann gehe ich zu einem anderen therapeutischen Verfahren über.

Es ist klar, daß mit solchen Methoden das Leid des Patienten nicht erklärt werden kann. Und wenn körperlicher Schmerz, sozialer Druck oder seelisches Tief so übermächtig sind, daß er nicht einmal mehr weinen und klagen kann, dann stoßen wir Therapeuten an die Grenzen unserer Fähigkeiten. Die Hilflosigkeit des Helfers vermischt sich mit der Not des Hilfesuchenden und erlaubt nur noch den schweigenden Kniefall vor Gott.

Einige meiner Kollegen führen die Ur-Schrei-Therapie durch; der Patient wird aufgefordert, alle seine seelischen Verletzungen herauszuschreien und sich auf lautstarke Weise Luft zu verschaffen. Dieser Vorgang ist immer sehr beeindruckend, manchmal auch erschreckend, meist befreiend. Dabei tritt manchmal verdrängte Wut auf die Eltern zutage. Gelegentlich äußern Patienten nach dieser anstrengenden Schreiphase Schuldgefühle gegenüber ihren Eltern, besonders, wenn sie eine streng religiöse Erziehung genossen hatten.

Da in der Regel Enttäuschungen Gott gegenüber nicht zum Thema gemacht werden, bleiben sie unerkannt und wirken im Untergrund zerstörend weiter. Was aber nicht ausgesprochen wird, kann gewöhnlich auch nicht geheilt werden. Daher ist es auch Aufgabe einer christlichen Psychotherapie, möglichen verschwiegenen Groll und Zorn gegen Gott aufzudecken und als notwendige, normale Empfindungen anzuerkennen. Ich darf im Schmerz mit Gott hadern.

Es erscheint mir wichtig, daß dem kranken, auf Gott hoffenden Menschen gesagt werden muß, daß die Religion weder Garantie einer sittlichen Weltordnung noch die Erfüllung unerfüllbarer menschlicher Wünsche ist. Diese Erkenntnis mußte auch Hiob in seinem Schmerz gewinnen. Es geht in der Religion um die Erfahrung Gottes in der Welt und in meinem eigenen Leben. Dabei wird jedermann erfahren, daß Gott stets anders ist, unverfügbar, nicht berechenbar. Wenn es dem Menschen gelingt, nicht mehr mit Gott zu rechten, ist er frei. Denn wer mit Gott rechtet, blickt auf sich selbst; wer ihm recht gibt, schaut auf Gott. Eine derartige Hinwendung zu seinem Schöpfer bedeutet Verwandlung des Leids; es wird nicht genommen, sondern umgedeutet. Das Leid wird nun nicht mehr nur kausal, also auf seine Ursachen hin befragt, sondern vor allem auch final, auf seinen möglichen Gewinn hin.

Wenn ich wiederholt vom fürbittenden Therapeuten speche, der das Anliegen seiner Patienten vor Gott trägt, so möchte ich auch vom fürklagenden Therapeuten reden, der stellvertretend all das hinausschreit und – es sei erlaubt – anklagend vor Gott hinwirft. Nur so vermag sich der Leidende zu öffnen; denn es gibt Leid, das für den Betreffenden unaussprechlich ist, das er nicht versteht. Und wer behauptet, es sei eine Sünde, mit Gott zu hadern, hat es noch nicht richtig mit Gott zu tun bekommen. Er schickt uns nicht das Leid; er steht vielmehr selber mit uns gemeinsam im Leid.

Therapeuten, die selber geheilte Patienten sind, also eigene Leiderfahrung hinter sich haben, sind oft die besseren Seelenärzte; sie vermögen mitfühlender und geduldiger zu sein. Von daher bin ich Gott dankbar für die mir zugemuteten Krisen und erlittenen Verletzungen, die hauptsächlich aus der Gymnasialzeit stammen. Ich danke Gott für die nicht erhörten Gebete.

## BARTIMÄUS ALS MODELLPATIENT

Zwei Voraussetzungen muß ein Patient mitbringen, damit eine Therapie durchgeführt werden kann: Leidensdruck und Bereitschaft zur Mitarbeit. Fehlt einer der beiden Faktoren, scheitert jegliche Bemühung um Heilung; selbst das Wirken Gottes kann blockiert werden; dann bleibt auch das Gebet allein ohne Wirkung.

Im zehnten Markuskapitel, Vers 46-52, findet sich ein hervorragendes Beispiel für das Zusammenwirken von Jesus und dem blinden Bartimäus, der trotz aller Ungläubigkeit des Volkes sein Anliegen dem sich nähernden Jesus vorbringt. Hier der Text in der Einheitsübersetzung:

»Sie hatten Jericho erreicht. Als Jesus mit seinen Jüngern und einer großen Menschenmenge die Stadt wieder verlassen wollte, saß ein Blinder am Straßenrand und bettelte. Es war Bartimäus, der Sohn von Timäus. Als er hörte, daß Jesus von Nazareth vorbeikam, fing er an, laut zu rufen: ›Jesus, Sohn Davids, erbarme dich meiner!‹ Die Leute wollten ihn zum Schweigen bringen, aber er schrie noch lauter: ›Sohn Davids, hab Erbarmen mit mir!‹ Da blieb Jesus stehen und sagte: ›Ruft ihn her!‹ Sie gingen hin und sagten zu ihm: ›Freu dich, Jesus ruft dich, steh auf.‹ Da sprang der Blinde auf, warf seinen Mantel ab und kam zu Jesus. ›Was soll ich für dich tun?‹ fragte Jesus, und der Blinde sagte: ›Herr, ich möchte wieder sehen können!‹ Jesus antwortete: ›Geh nur, dein Vertrauen hat dich gerettet.‹ Im gleichen Augenblick konnte er sehen und folgte Jesus auf seinem Weg.«

Bartimäus glaubt an seine Heilung und läßt in seiner Bitte nicht locker. Es kümmert ihn nicht, was die anderen meinen. Die anderen, das sind die labilen Mitläufer, die ihn zuerst zum Schweigen bringen wollen, dann aber auffordern, zu Jesus zu gehen, der sein lautes, beharrliches Bitten gehört hat. Während der Blinde auf Jesus zugeht, wirft er seinen Mantel ab. Diese Geste bedeutet mehr als nur das Abwerfen eines lästigen Textilstückes. Sie ist zugleich das Abwerfen psychischer Hindernisse. Die Bibel spricht stets doppeldeutig: Der Patient muß bereit sein, allem abzusagen, was seine Heilung möglicherweise verhindern könnte. So muß er vielleicht den Mantel des Mißtrauens, des verkopften Denkens ablegen, oder den Mantel einer bestimmten schlechten Gewohnheit, eines Lasters also, von sich werfen.

Ich erlebe immer wieder, daß sich Menschen in bestimmte Ideologien verstrickt haben, die in Frage zu stellen und abzulegen sie nicht bereit sind. Wer beispielsweise an die Reinkarnation glaubt und sein jetziges Leid als Folge eines verfehlten früheren Lebens deutet, ist wohl kaum bereit, sich der Gnade Gottes auszuliefern; denn es gibt im Weltbild eines Reinkarnationsgläubigen keine Gnade Gottes. Er gibt sich irgenwelchen Selbsterlösungsübungen hin, um aus eigener Kraft aus dieser Tretmühle herauszukommen.

Jesus stellt ihm die merkwürdige Frage, was er denn für ihn tun solle. Als ob er nicht wüßte, um was es hier ginge! Diese Frage hat ihren Sinn: Sie nötigt den Kranken, über seine eigentliche Störung nachzudenken und zu bekennen, auf welchem Gebiet seine wirkliche Krankheit liegt. So mancher Patient, der zum Therapeuten kommt, vermag nicht einmal zu sagen, was ihm denn nun fehlt.»Ach, wissen Sie, ich bin überall krank. Wenn ich nur wüßte, wo ich anfangen soll.« Es gibt Menschen, die wegen Kopfschmerzen oder Schlafstörungen zum Arzt gehen und entsprechend symptomorientiert mit Medikamenten bedient werden. Schließlich kommen sie auf manchen Irr- und Umwegen zu einem Therapeuten, der durch gezielte, oft unbequeme Fragen zum Kern ihrer Schmerzen und Schlafstörungen gelangt; so entdeckt er möglicherweise einen tiefen Selbsthaß als Folge einer verdrängten Schuld. Derartige Verdrängungen kommen nicht selten einer seelischen Blindheit gleich.»Herr, mach mich sehend!« müßten wir alle beten. Und Jesus erfüllt seine beharrliche Bitte; Bartimäus kann wieder mit seinen physischen Augen sehen. Er folgt ihm von da an, d. h. er hat ihn als den wahren Messias und Herrn seines Lebens erkannt. Damit ist auch das innere, geistige Sehen intakt.

Bartimäus wurde in doppeltem Sinn geheilt; er bekam mehr als er wollte. Viele Patienten werden körperlich geheilt, erkennen aber dahinter nicht das Wirken Gottes. Sie bleiben weiterhin vom Heil entfernt, rühmen die ärztliche Kunst und haben keine Augen für das geheimnisvolle Handeln Gottes, das sich jenes Arztes bedient. Vielleicht haben sie vergessen, ihren Mantel abzuwerfen.

Der »Fall Bartimäus« zeigt uns die notwendigen Schritte auf Gott hin: Beharrlichkeit im Gebet, Vertrauen auf Gott, Korrektur der Denk- und Lebensweise (Mantel abwerfen), klare Formulierung des Anliegens (Erkenntnis seines Unheils), Lobpreis und Nachfolge.

Jesus legte immer Wert darauf, daß der Geheilte sich Gott in Dankbarkeit zuwandte. Er zeigte sich betrübt, als von den zehn geheilten Aussätzigen nur einer kam, um sich zu bedanken.»Wo sind die anderen neun? Warum sind sie nicht auch zurückgekommen, um Gott die Ehre zu erweisen?« (Lk 17,18)

Christliche Therapie hat daher auch zum Ziel, den Patienten zu einer Haltung der Dankbarkeit zu führen. Das mag in manchen Situationen schier unmöglich sein, z. B. wenn es sich um unheilbare Erkrankungen handelt, um bittere und leidvolle Lebensmomente. Der Geheilte hat gewiß allen Grund zur Dankbarkeit. Ich habe aber bei mir selbst die Erfahrung gemacht, daß das Einüben einer dankbaren Haltung gerade in schmerzlichen Situationen von heilender Kraft sein kann. Paulus schreibt im Brief an die Kolosser: »Seid beharrlich im Gebet, wacht dabei mit Dankbarkeit!« (Kol 4,2)

Die Haltung der Dankbarkeit besonders in leidvollen Momenten hat nichts zu tun mit einer masochistischen Einstellung. Wenn ich mir klarmache, daß Gott mich liebt, dann weiß ich auch, daß er mir Schmerz aus Liebe zumutet; er will mich näher an sich ziehen. Nur notvolle Erfahrungen bergen die Chance einer Läuterung in sich. Wer hätte nicht einmal den Wert seiner Krisen im nachhinein erkannt?

Dazu ein Beispiel aus dem Alltag eines Kindes. Die kleine Monika spielt draußen im Garten, während die Mutter in der Küche arbeitet. Bei einem Blick durchs Küchenfenster entdeckt die Mutter eine für das Kind unerkannte Gefahr: Monika sieht den Stein hinter ihr nicht, über den sie gleich fallen wird. Der Sturz wird mit blutigen Schrammen und Tränen verbunden sein. Die Mutter hat drei Möglichkeiten zu reagieren: 1. Sie kann nach draußen laufen und den Stein wegnehmen. 2. Sie kann das Kind auf die Gefahr hinweisen. 3. Sie unternimmt gar nichts. Das Kind wird fallen und sich verletzen.

Die letzte Möglichkeit ist pädagogisch durchaus sinnvoll. Das Kind wird lernen müssen, künftig besser aufzupassen. Nehmen wir einmal an, Monika habe gemerkt, daß die Mutter den Stein sehr wohl gesehen, sie aber nicht davor gewarnt hat. Sie wird annehmen, daß ihre Mutter sie nicht liebt. Es kommt zu folgendem Dialog:

*Monika:* Mani, warum hast du mir nicht geholfen? Du liebst mich nicht.

*Mutter:* Aber Moni, natürlich liebe ich dich. Und gerade weil ich dich liebe, habe ich nicht eingegriffen. Wie willst du denn sonst lernen, im Leben aufzupassen. Es gibt immer wieder Gefahren, und nicht jedesmal ist irgendwer da, der dich davor bewahrt. Glaub mir, Liebes, gern hab ich das nicht getan. Aber aus Liebe zu dir.

Es bleibt zu hoffen, daß Monika diese Worte versteht. So wie die Mutter hier handelt, verhält sich Gott. Natürlich dürfen wir dieses Beispiel nicht konsequent weiterziehen, sonst hinkt es gewaltig; denn Gott ist vorausschauend. Er kann immerhin auf unseren krummen Zeilen noch gerade schreiben. Was ich ausdrücken möchte, ist dies: Oft erkennen wir erst Jahre später, wenn die bitteren Erfahrungen zu Ende gegangen sind, wie heilsam sie für unsere Entwicklung waren. Dann sind wir plötzlich zur Dankbarkeit fähig. Im Vertrauen auf Gottes Liebe darf ich aber mutig genug sein, auch schon vorher dankbar zu sein.

Das schließt nicht aus, daß wir dennoch alles tun sollen, um Besserung zu erfahren. Jeder Mensch sollte beharrlich im Gebet bleiben und alles von Gott erhoffen, nicht nur Kleinigkeiten oder Halbheiten. Das wußte Bartimäus. Es kümmerte ihn nicht, was die Masse sagte. Er rief laut nach Jesus; er wußte, was er wollte, und Jesus gab es ihm.

In Gesprächen mit meinen Patienten weise ich auf diesen Aspekt der Beharrlichkeit im Beten und der gleichzeitigen Dankbarkeit hin, meist in Form eines Gebetes, daß die therapeutische Sitzung abschließt. Ein solches Gebet kann folgenden Wortlaut haben:

Herr, ich bringe dir meine Sorgen und Nöte im Vertrauen auf deine Hilfe. Ich bitte dich um Bewußtmachung der Ursachen meiner Krankheit, und um Heilung. Du hast jedem versprochen zu geben, um was er dich bittet, wenn er nur beharrlich genug bittet. Mach mich trotz allem dankbar für das, was du bisher in meinem Leben gewirkt hast und mir weiterhin schenken willst. Öffne mein Herz und meine Augen für dein Handeln, damit ich wieder Freude geben kann und in meinem Glauben gestärkt werde. Amen.

In der Regel sind Modellpatienten rar gestreut. Die Alltagspraxis hat es mit Menschen zu tun, die oft sehr spät zur Behandlung kommen, nicht selten eine Odyssee unterschiedlicher Therapiemethoden hinter sich haben, auf der Suche nach einem christlich ausgerichteten Therapeuten sind (was sie in den meisten Praxen nicht erwähnen aus Angst vor negativen Reaktionen) und ihr ganzes Vertrauen in die manchmal überschätzten Fähigkeiten des Therapeuten setzen. Mir erscheint es wichtig, den Blick des Patienten von mir abzulenken und auf Gott zu richten, da nicht ich es bin, der heilt, sondern Gott. In diesem Sinn ist ja auch der Begriff »Therapie« zu verstehen, der, wie ich eingangs erwähnte, nicht nur »Hilfe«, »Heilung«, sondern auch »Anbetung« bedeutet.

Was sich bei Bartimäus innerhalb von Minuten abgespielt haben mag, braucht in der Praxis heilender Berufe Wochen bis Monate, ja manchmal sogar Jahre. Am schwersten von allen Heilungsbedingungen scheint dabei nicht so sehr die Beharrlichkeit im Gebet zu sein, als vielmehr das Abwerfen der Mäntel, also das Loslassen liebgewordener, aber falscher Denk- und Lebensgewohnheiten, die häufig Ursache neurotischer Ängste und Depressionen sind.

Um die notwendige Geduld und Einsicht aufzubringen, bedarf auch der Therapeut der begleitenden Gebete anderer.

## LOSLASSEN UND ANNEHMEN ALS VORAUSSETZUNG ZUR KERNGESUNDHEIT

»Ich habe festgestellt, daß ich erst im Glauben noch wachsen muß, bevor ich weitere Schritte unternehmen kann. Das Loslassen fällt mir schwer, das Verabschieden von liebgewordenen, aber falschen Denkmustern. Dazu brauche ich Zeit. Ich will mir in München eine Gebetsgruppe suchen, die mir dabei helfen kann. Ich erkenne, daß mein eigentliches Problem in meinem distanzierten Verhältnis zu Gott liegt. Das ist mir vor allem gestern abend deutlich geworden, als ich auf Ihre Empfehlung hin den Gebetskreis in Trier aufgesucht habe. Bevor ich jetzt den zweiten Schritt tue (gemeint ist die Psychotherapie seiner Ängste, d. Verf.), muß ich erst einmal in den christlichen Glauben hineinwachsen. Als ich zu Ihnen kam, dachte ich, Sie könnten mein Problem im Nu lösen. Jetzt weiß ich, daß ich überhöhte Erwartungen hatte und selbst das Entscheidende tun muß.«

Das waren fast wörtlich die bemerkenswerten Bekenntnisse eines 22 Jahre jungen Mannes am Ende der zweiten Sitzung. Er erkannte die falschen Denkinhalte und war gewillt, das Problem an den Wurzeln zu packen; ein therapeutischer Fortschritt, der ansonsten erst nach vielen Sitzungen erreicht wird.

Tatsächlich fällt es uns schwer, zwischen Annehmen und Abgeben ein stabiles Gleichgewicht zu finden; wir sind geneigt, uns viel zuviel einzuverleiben und uns mit überflüssigem Ballast zu beschweren: Das kann oraler Natur sein (Freßsucht, Trinksucht, ungesunde Naschereien, Drogenkonsum); das kann sozialer Natur sein (Überfürsorge, Hörigkeit, übertriebene Gefälligkeit); es kann mentaler Art sein (endlose Grübeleien um echte oder vermeintliche Probleme, phantasierte Katastrophen, Hypochondrie, Selbstablehnung, Eifersucht, skrupulöse Ängste); schließlich kann es auch materieller Natur sein (zuviel Besitzhäufung mit damit verbundenen Verlustängsten).

Eine Heilung kann hier nur auf der inneren, d. h. geistigen Ebene erfolgen. Es würde nichts nutzen, einfach einen geliebten Menschen loszulassen oder sich von einem teuren Möbelstück zu trennen, wenn nicht die entsprechende geistige Einstellung vorhanden wäre. Es sind ja nicht unbedingt die äußeren Umstände, die einen krank machen können, sondern das, was man über sie denkt. Das Nichtloslassenkönnen gleicht einer seelischen Streßsituation, die körperliche Folgen haben kann: Sie wirkt sich auf den Hypothalamus aus, der Schutz- und Abwehrmechanismen im motorischen und hormonalen Bereich in Gang setzt. Zugleich werden Signale an die Hirnrinde übermittelt, was die Wahrnehmung von entsprechenden Gefühlen zur Folge hat. Dauert die Belastung des Organismus an, müssen auch die Kräfte zur Erhaltung des inneren Gleichgewichts länger aktiv bleiben. Dadurch können funktionelle und auch organische Störungen hervorgerufen werden.

Eine Mutter machte sich fortwährend Sorgen um ihre 20jährige Tochter, die an multipler Sklerose erkrankte und nun im Rollstuhl leben muß. In übertriebener Fürsorglichkeit engte sie das Leben ihrer Tochter ein, so daß diese sich zunehmend wehren mußte. Diese aggressiven Reaktionen deutete sie fälschlicherweise als Begleitsymptome jener Erkrankung. Völlig entnervt angesichts ihrer Ohnmacht kam sie in meine Praxis. Was sie dann endgültig zusammenbrechen ließ, war die Äußerung der Tochter, außer Haus ziehen zu wollen, um ihr Leben mit einer Wohngemeinschaft zu teilen.

Diese Mutter konnte nicht loslassen, da sie glaubte, der Tochter ständig etwas schuldig sein zu müssen. Zugleich hatte sie Angst vor der Einsamkeit. Erst die Bejahung ihrer eigenen Grenzen ermöglichte ein Loslassen der Tochter. Drei Monate nach dem Auszug ihrer Tochter verspürte sie eine gewisse Erleichterung; sie entwickelte mehr Eigeninitiative und konnte nun guten Gewissens auch sich selber Gutes tun. Es gelang ihr auch, das einengende Mitleid im Gebet an Gott abzugeben und ihm die Zukunft ihrer Tochter anzuvertrauen. Allmählich verschwanden auch ihre Muskelverspannungen und die lästigen Migräneanfälle.

Nicht wenige Menschen leiden unter Glaubenszweifeln. Sie zeigen guten Willen, sich auf Gott einzulassen, aber sie verspüren intellektuelle Hemmungen. Ständig führen sie in ihrem Kopf einen Glaubenskrieg. Wenn sich Gott doch nur ein einziges Mal zeigen würde! Wenn sie wenigstens etwas von diesem Gott fühlen würden! Aber so vieles spricht gegen ihn: das Leid in der Welt, das persönliche Pech, die vielen unerhörten Gebete... Schließlich könnte alles auch Zufall sein. Und so versuchen sie vergeblich, diesen Gott in ihren Kopf zu bekommen. Ihnen muß gesagt werden, daß die Befähigung zum Glauben nicht allein aus eigener Kraft entstehen kann. Sie ist ein Geschenk Gottes an jeden, der bereit ist, sich vorbehaltlos hinzugeben. Das braucht Zeit. Hier tun sich vor allem die Denktypen schwer, also jene Menschen, die eine rationale Kontrolle über ihre Gefühle behalten und Gott »begreifen« möchten.

Glaubenskämpfe gehören zum Alltag des Christen; wer sich auf Gott einläßt, darf Zweifel haben. Er kann seine Kritikfähigkeit nicht einfach ausschalten. Schließlich könnten sich Irrtümer, Täuschungen und Projektionen einschleichen. Wenn ich an meine Grenzen stoße, ohnmächtig einem Problem gegenüberstehe und das Menschenmögliche getan habe, bin ich aufgerufen, alles Gott zu übergeben: »Herr, ich bin am Ende. Jetzt vertraue ich dir alles an. Ja, ich traue dir zu, daß du alles zum Guten bringen wirst. Ich gebe dir meine Angst vor der Zukunft, vor dem Tod, vor dieser Krankheit, vor dem Verlust eines bestimmten Menschen. Verwandle meine Angst in Gelassenheit, meine Trauer in Freude, mein Allesselbermachenwollen in Hingabe.«

Das Erlernen des positiven Denkes steht auf fast jedem Volkshochschulprogramm. Bücher von Joseph Murphy, Norman Vincent Peale und Erhard Freitag sind sehr gefragt; ebenso Seminare zur Ich-Stärkung und Entwicklung mentaler Fähigkeiten. Viele Teilnehmer suchen Wege zur Selbstbefreiung, wobei ihnen derzeit eine Fülle guter, auch fragwürdiger Psychotechniken entgegenkommt: Die Gestalttherapie nach Fritz Perls lehrt das bedingungslose Annehmen aller Gedanken, Gefühle und Bedürfnisse;

die Transaktionsanalyse nach Eric Berne will zur Bejahung des Erwachsenen-Ichs hinführen, also die verlorene Autonomie wieder zurückgeben; die Primärtherapie nach Arthur Janov lehrt die Bewußtmachung und Heilung frühkindlicher Schockerlebnisse durch starke Gefühlsausbrüche; die Transpersonale Psychologie nach Stanislav Grof will durch Herbeiführen mystischer Bewußtseinszustände seelische Heilung bewirken. Körpertechniken wie Bioenergetik, Rolfing, Core-Therapie, Biorelease u. a. zielen darauf hin, den eigenen Körper zu erfahren, zu akzeptieren und als Teil des gesamten Kosmos zu begreifen.

Bei so vielen Angeboten ist eine genaue Prüfung geraten, denn nicht alle bewirken das ersehnte psychosomatische Gleichgewicht. Hier tummeln sich auch gefährliche pseudopsychologische und scheinreligiöse Methoden, die zu Abhängigkeiten, schweren geistigen Schäden und okkulten Bindungen führen können.

Allgemein gilt: Christlich verantwortliche Therapie betreibt niemals eine von Gott unabhängige Selbstbefreiung. Sie lehrt weder die Reinkarnation mit ihrem karmischen Prinzip der Schuldabtragung, noch will sie mystische Erlebnisse mittels Drogen, Trance, Hypnose, Magie, Esoterik vermitteln.

Allein Jesus Christus, Gottes menschgewordener Sohn, vergibt besondere Gnaden, die ich von ihm erbitten darf. Dazu benötige ich weder mediale Kräfte oder Geistbeschwörer, weder astrologische Berechnungen noch fernöstliche Meditationspraktiken. Allein das beharrliche und aufrichtige Gebet sowie die Orientierung an Gottes Geboten öffnen mir den Weg zum wirklichen Heil. Körperliche und seelische Heilung sollten daher stets bei Menschen gesucht werden, die sich als Werkzeuge dieses einen Gottes verstehen. Denn nur sie sind auch imstande, mit erlernten und manchmal auch umstrittenen therapeutischen Methoden verantwortlich umzugehen. »Prüfet alles, das Gute behaltet!« (1. Tim 5,21). Ich halte das Autogene Training, die Akupunktur, die Irisdiagnose, die klinische Hypnose, das Atem-Yoga, das die Volkshochschulen anbieten, die Homöopathie für vertretbar. Die übertriebene Dämonisierung solcher Verfahren, wie sie christliche Fundamentalisten betreiben, ist ungesund. Darüber habe ich bereits in meinem Buch »Wege zum geistlichen Leben« Näheres geschrieben.

Es ist verständlich, wenn sich jemand an einen Menschen klammert aus Angst, ihn zu verlieren. Doch wird seine starke Bindungstendenz genau zum Gegenteil führen: Er wird diesen Menschen verlieren. Das Wort Jesu hat hier fatale Beweiskraft: »Wer sein Leben zu gewinnen sucht, wird es verlieren!« (Mk 8,35) Wer einen Menschen krampfhaft an sich binden will, wird ihn verlieren. Hier ist das Loslassen dieses geliebten Menschen die einzige Hilfe. Loslassen bedeutet: ihn in seinen Eigenarten lassen, ihm seinen Freiraum gönnen, ihn auch mal eigene Wege gehen lassen. Gleichzeitig muß der Eifersüchtige die bittere Erkenntnis seiner versteckten Selbstablehnung erringen und sich so annehmen wie er wirklich ist, nämlich ein Mensch mit Fähigkeiten, mit Vorzügen, liebenswert und lebenswert auch in Stunden des Alleinseins.

Gerade in partnerschaftlichen Beziehungen ist das Loslassen und Annehmen ein Hauptproblem. Immer wieder sucht einer beim anderen die Schuld für entstandene Konflikte. »Ich empfinde mich schwach und ohnmächtig« müßte es manchmal heißen und nicht: »Du bist mir zu stark und zu selbstsicher!« Wenn ich mich selber leiden kann, muß ich nicht an mir selber leiden. Wenn ich meine Grenzen bejahe, muß ich sie nicht beim anderen ständig therapieren wollen.

Denn vielfach projizieren wir verdrängte Empfindungen und ungute Motive in den Mitmenschen hinein, den wir dann umzukrempeln versuchen. In solchen Beziehungen fällt natürlich die Vergebung schwer, die wertvollste Form des Loslassens. Wer ständig mit Vorwürfen kommt, hat sie nicht abgegeben; wie der Mangel an Vergebung Ausdruck eines mangelnden Loslassens ist, so ist das ständige Sich-selber-schlecht-machen ein Symptom mangelnder Selbstannahme. Beiden fehlt die Versöhnung und damit die tiefste Voraussetzung zu einer heilen Beziehung.

Wer sich aber selber nicht mag, läuft Gefahr, sich entweder immer wieder Zuwendung und Beachtung zu holen oder bestimmte Formen von Zuwendung abzulehnen, z. B. Geschenke, Komplimente, Zärtlichkeiten. Er kann sich nicht das gestatten, was er zutiefst ersehnt.

Nehmen Sie ein Geschenk an mit den Worten: »Das war aber nicht nötig«? Werten Sie ein erhaltenes Kompliment ab mit der Bemerkung »Finden Sie«? Reagieren Sie auf ein Lob nicht mit einem frohen »Danke«? Dann zeigen Sie eine tiefe Unsicherheit hinsichtlich Ihrer eigenen Begabungen. Sie können nicht mit einem unbefangenen Ja zu sich selber stehen.

Das eine weggeben und das andere annehmen können erfordert ein gesundes Maß an Selbstakzeptanz. Denn nur wer sich selbst mag, wird sich auf Veränderung einlassen und Fehler ablegen können. Dann braucht er auch nicht die Nähe bestimmter Menschen oder Objekte, um sich geliebt zu fühlen.

Mitunter praktiziere ich in der Therapie ein rituelles Loslassen, indem ich kleine Zettel verbrenne, auf die der Patient seine Sorgen und Ängste niedergeschrieben hat. Immer dann, wenn ein bestimmter Punkt ausreichend besprochen wurde, verbrennen wir die entsprechende Notiz über einer Kerze und übergeben sie Gott. Diese äußere Form des Loslassens erleichtert manchem das innere Abgeben.

## UNTERSCHEIDUNG PSYCHIATRISCHER UND OKKULTER ERKRANKUNGEN

Für die meisten Psychologen, Ärzte und leider auch für etliche Theologen gibt es keine okkult bedingten Erkrankungen, da sie diese andere Wirklichkeit nicht akzeptieren. Sie glauben nicht an die Existenz des Bösen beziehungsweise an seine (un)mittelbare destruktive Wirksamkeit.

Im folgenden meine ich mit okkulten Störungen Phänomene, die als Folge dämonischer Beeinflussung gesehen werden können. Diese Bedeutung hat das Wort »okkult« nicht prinzipiell. Es meint Kräfte, deren Quellen verborgen sind. Es gibt auch verborgene göttliche und menschliche Kräfte. Erst an den Früchten läßt sich erkennen, welche Quelle »angezapft« wurde. Im allgemeinen sind die Früchte des okkulten Tuns eher faul, eher destruktiv. Die verbreiteten okkulten Praktiken haben in der Tat nichts mit Gott zu tun; sie wollen Verbindung aufnehmen mit Geistern, mit Toten, mit Satan. Nicht alle Geister stehen im Dienst des Satans. Dennoch verbietet die Bibel solches Tun (Dt 18,10 ff.) und stellt es dem Götzendienst gleich.

Die während und nach solchen okkulten Handlungen sich oftmals zeigenden Phänomene wie Hellsichtigkeit, Schweben, Materialisationen, Spuk u. a. werden einschließlich der dadurch entstehenden Krankheitssymptome von vielen Therapeuten als Manifestationen psychischer Energien gedeutet (animistische Erklärung) oder in die Ecke hysterischer Symptombildungen gestellt. Dennoch muß auch mit der Wirksamkeit jenseitiger Mächte gerechnet werden, wie es die Bibel deutlich betont (spiritistische Erklärung).

Wer beide Möglichkeiten in Betracht zieht, steht vor der Schwierigkeit der Unterscheidung, da sich psychiatrische und okkulte Störungen in ihrer Symptomatik gleichen. Doch der geistlich orientierte Arzt und Therapeut ist eher noch in der Lage, hier Unterscheidungen vorzunehmen, da »man es nur mit Hilfe des Geistes beurteilen kann« (1 Kor 2,14).

In meiner Praxis häufen sich in den letzten Jahren die Fälle der okkult belasteten Patienten. Entweder haben sie selbst oder Angehörige okkulte Handlungen vollzogen in Form von Spiritismus, Magie, Blutsverschreibungen, Bannungen, Wahrsagerei, Satanskult und ähnliches mehr. Die Folgen bleiben nicht aus und können an die nächsten Generationen durch Vererbung weitergegeben werden, wie es in Exodus 20,5 heißt. Gemeinsam ist vielen okkulten Belastungen eine zwanghafte, depressive Grundstruktur, nächtliche Angstanfälle; dann auch Lästerzwang und Gebetshemmung bis hin zum Tremor während des Betens oder anderer geistlicher Vorgänge.

Ein sechzigjähriger, religiöser Mann kommt wegen anhaltender Depressionen und innerer Unruhe zu mir; bisherige Therapien, auch Medikamente, halfen nicht. Nach mehreren erfolglosen Sitzungen, in denen auch gebetet wurde, frage ich nach möglichen okkulten Hintergründen. Zögernd gibt er zu, seit etlichen Jahren Wahrsager aufzusuchen und Geister zu befragen. Anzeichen einer depressiven Störung hat es vorher nie gegeben. Der Mann war einsichtig und bereit, sich von diesem Tun radikal loszusagen und sein Leben neu Gott anzuvertrauen. Mit Erneuerung des Taufversprechens (»Ich widersage«) begann eine allmähliche Besserung seines Zustandes.

Wenn herkömmliche Therapien (Gesprächs-, Verhaltenstherapie...) keinerlei Veränderungen bewirken, aber Befreiungsgebete und Absage helfen, kann mit okkultem Hintergrund gerechnet werden. So läßt sich meist erst hinterher die Diagnose stellen.

Das heißt nun nicht, daß alle Depressionen okkulter Herkunft sind. Eine völlige Klarheit in der Unterscheidung gibt es nicht. Depressionen können auch organisch begründet sein, z. B. durch eine Hyperthyreose, Arteriosklerose oder durch psychische Traumata: Umzug, Verlust einer geliebten Person usw. Ebenso vermag eine neurotische Erziehung Depressionen auszulösen. Bei der okkult bedingten Depression lassen sich vorausgegangene entsprechende Handlungen finden. Dabei ist auch an eine mögliche Verwünschung des Patienten durch die Mutter zu denken.

Halluzinationen gelten immer noch als Symptome einer psychotischen Erkrankung, etwa einer Schizophrenie; auch als Folgen einer Drogenvergiftung sind sie typisch. Manche Formen der Schizophrenie gehen einher mit Desorientierung und Depersonalisationserscheinungen. Das läßt sich mit Neuroleptika beeinflussen. Okkulte Psychosen sind hingegen auffallend medikamentenresistent. Außerdem haben die okkulten Halluzinationen überzufällig gehäuft dämonische, sexuelle und autoaggressive Inhalte.

Wenn geistig gesunde Patienten berichten, daß sie seit geraumer Zeit von Flüsterstimmen geplagt werden, die sie zum Selbstmord auffordern oder zu anderen selbstzerstörerischen Handlungen, kann ein okkulter Zusammenhang angenommen werden. Ein junger Mann versuchte, auf Tonband Geisterstimmen aufzufangen, und hatte bald Erfolg. Jedoch hörte er von da an ständig geflüsterte Aufforderungen wie »Bring dich um« und »Du hast uns gerufen. Jetzt mußt du mit uns leben.« Es ist zwar nicht unwahrscheinlich, daß hierbei auch Wortfetzen aus dem Radiowellenbereich aufgefangen werden. Jedoch mutet es schon merkwürdig an, daß die Sätze vollständig und sinnvoll und isoliert ohne jeden Kontext auf dem Band zu hören waren. Weitere Untersuchungen schlossen Betrug aus. Der Patient zeigte keinerlei psychische oder geistige Defekte. Ein Fachkollege diagnostizierte Hysterie, ein anderer »Erkrankung aus dem schizophrenen Formenkreis«. Die Therapie bestand in nichts anderem als im regelmäßigen Gebet um Befreiung. Nach einem halben Jahr hörten die Stimmen auf, und der Patient war wieder voll arbeitsfähig.

Eine Patientin konnte schlagartig Unfälle und Tod von Freunden und Verwandten voraussehen, was jedesmal depressive Zustände bei ihr auslöste. Sie hatte keinerlei Erklärung für dieses plötzlich auftretende Phänomen. Es wäre zu einfach, sie zur Hysterikerin zu machen, die mit ihrer Gabe im Mittelpunkt des Interesses stehen möchte. Als ich mit ihr betete, begann sie heftig am ganzen Körper zu zittern; ein eintretender Würgereiz rundete das Bild in beeindruckender Weise ab. Nun wissen wir inzwischen, daß Hellsichtigkeit und andere mediale Fähigkeiten Folgeerscheinungen von okkulten Erbbelastungen sein können. Im vorliegenden Fall trat zutage, daß die Mutter zur Zeit der Schwangerschaft das Geschlecht des Kindes auspendeln ließ und später eine Wahrsagerin aufsuchte, um die Zukunft ihrer Tochter zu erfahren.

Aus diesem Fall kann man nun nicht zwingend schließen, daß jede Art von Hellsehen dämonische Wurzeln hätte. Vieles läßt sich auch daran bewerten, wie, wozu und in welchem Ausmaß eine solche Fähigkeit eingesetzt wird. Die Tatsache, daß sich die Patientin keineswegs an ihrer Gabe erfreute, spricht für sich. Das gleichzeitige Auftreten von schizophrenen Symptomen, von Hellsichtigkeit und von einem moralischen Verfall der Person muß jeden Therapeuten stutzig machen; denn diese Kombination weist in hohem Maß auf eine okkulte Ursache hin. Sehr beeindruckend sind die mimischen Verzerrungen, die solche Menschen angesichts religiöser Gegenstände oder Worte zustande bringen.

Das alles muß bei ehrlichen Christen keine Angst erzeugen. Denn wer »Glaube und Liebe als Panzer« angelegt hat (1 Thess 5,8), steht unter dem Schutz Gottes; bei ihm haben solche destruktiven Vorgänge keine Wirkung. Und es ist gut, daß auch der behandelnde Arzt/Therapeut für sich selber den Schutz Gottes herabruft.

Zwangshandlungen können nach zerebraler Erkrankung, bei Tumoren und Vergiftungen auftreten, auch in Verbindung mit einer Schizophrenie. Vehemente Triebunterdrückungen bei gleichzeitiger Angst, schuldig zu werden, führen ebenfalls bei rigiden Menschen zu Zwangshandlungen oder -gedanken. Sie sind ausgesprochen therapieresistent und eine Frustration für jeden Therapeuten. Meine Erfahrung im Umgang mit »normalen« und okkult bedingten Zwangskrankheiten erlaubt mir, anzunehmen, daß die gewöhnlichen Zwangsneurotiker unter Zähl-, Wasch-

oder Hustenzwängen leiden, während die okkult Erkrankten vornehmlich Läster- oder Gelübdezwänge aufweisen, darüber hinaus auch destruktive antireligiöse Verhaltensformen (z. B. Hostien zertreten, während des Betens Gott verfluchen u. ä.).

Vorsicht ist allemal geboten: Es ist nicht unbedingt für die Therapie von Vorteil, dem Patienten zu sagen, daß hier möglicherweise eine dämonische Bindung besteht. Solches Wissen kann mitunter eine okkulte Störung erst induzieren.

Allgemein ist festzuhalten, daß eine Unterscheidung nicht immer möglich ist. Denn wie Paulus schreibt, »sehen wir jetzt nur ein unklares Bild wie in einem trüben Spiegel« (1 Kor 13,12). Eine Diagnose läßt sich oft erst nach angewandter Therapie stellen. Ich bin der Meinung, daß vielen Patienten, die als unheilbare Klinik-Insassen in vielen Anstalten liegen, geholfen werden könnte, wenn die Ärzte und Therapeuten auch die Möglichkeit dämonischer Einflüsse in Betracht ziehen würden und nicht allein ihre rationalistischen, animistischen Deutungsmuster gelten ließen.

Wer allerdings den Mut hat, sich auf dieses Territorium zu begeben, muß mit Ablehnung rechnen. Ängste einerseits, Unglaube andererseits sind die möglichen Gründe einer solchen Abwehrhaltung.

## THERAPIE OKKULTER ERKRANKUNGEN

Keine der okkulten, abergläubischen oder paranormal geübten Praktiken entwickelt auch nur die geringste Hilfe zur Bewältigung menschlicher Probleme oder zur Entfaltung heilender Kräfte, gleichgültig, ob es sich um Horoskope, Hexerei, Satanskult, Zahlenmagie, Tarot, Amulette, Wunderwässerchen oder Beschwörungen handelt. Wenn überhaupt von Wirkungen die Rede sein kann, dann nur im Sinn vorübergehender Placebo-Effekte. Die wenigen »erfolgreichen« Fälle des Voodoo-Kults, von denen Missionare berichten, beruhen auf der autosuggestiven Erwartungshaltung des angedrohten Todes, der nachweislich durch Herzstillstand eintritt.

Die allzu intensive und lange Beschäftigung mit okkulten Handlungen kann aber, wie wir erfahren haben, zu erheblichen Störungen führen, die mit dem neuen Begriff der »mediumistischen Psychose« oder der »okkulten Behaftung« belegt werden.

Wenn Krankheiten oder sonderbare Verhaltensauffälligkeiten nach okkulten Handlungen eintreten, wenn zugleich keine anderen plausiblen Ursachen zu finden sind, darf ein direkter Zusammenhang zwischen den Symptomen und der okkulten Handlung vermutet werden. Da Patienten oftmals keinen Zusammenhang sehen oder auch die okkulte Praxis verschweigen, weil sie sich derer schämen, ist es geraten, bei Verdacht genau nachzufragen und sich die okkulten Handlungen beschreiben zu lassen. Mitunter tritt dann auch zutage, daß der Betroffene selber in keine derartige Handlung verstrickt war, aber Angehörige oder Bekannte, die irgendein Interesse hatten, ihm Schaden zuzufügen (Bannungen, Verfluchungen, Verwünschungen). Es gibt Fälle, in denen beispielsweise die Großmutter in spiritistischen Sitzungen Auskunft einholte oder Weiße Magie (Heilungsmagie) praktizierte und so ungewollt okkulte Störungen in ihren Kindern und Enkeln verursachte. Wir müssen die biblischen Warnung von der Bestrafung bis ins vierte Glied (2 Mos 20,5) ernst nehmen.

Eine vierköpfige Familie ließ sich ein kleines dreibeiniges Tischchen machen, dessen drittes Bein ein Bleistift war. Allabendlich saß nun die Familie um dieses Tischchen herum, um es, von Geisterhand berührt, schreiben zu lassen. Auf diese Weise erhielten die Anwesenden Antworten aus dem Jenseits. So jedenfalls glaubte es die Familie. Die erhaltenen Antworten waren im übrigen nichtssagend und banal. Der Sohn, dem das okkulte Familienspiel zu problematisch erschien, machte irgendwann einmal dieses Tischchenrücken nicht mehr mit. Eines Abends rutschte der Tisch auf die erwachsene Tochter zu und blieb vor ihren Füßen stehen. Das war der Auslöser einer massiven seelischen Störung, die die ganze Familie betraf, insbesondere die Tochter. Sie konnte nicht mehr schlafen, hörte ständig Stimmen, die ihre jeweiligen Handlungen kommentierten, und fühlte sich nachts von unsichtbaren Händen betastet. Geistige Störungen und Realitätsverlust waren nicht vorhanden. Der Hausarzt überwies sie in die Nervenklinik, wo sie mit dem Verdacht auf Schizophrenie, später auf Hysterie, erfolglos behandelt wurde.

Die Mutter verspürte starke diffuse Ängste, die meist bei Anbruch der Dunkelheit eintraten; hinzu kam eine Erlahmung des Gebetslebens: Sie wollte zwar, konnte aber nicht beten. Irgend etwas sperrte sich dagegen.

Auf ihrem Leidensweg von Arzt zu Arzt erschienen Mutter und Tochter eines Tages auch bei mir. Da hier die Anamnese keinerlei ergiebige andere Erkenntnisse brachte, konnte ich die Störungen als Folgen jener okkulten Praxis vermuten. So begann ich mit den therapeutischen Maßnahmen, die sich auf fünf Punkte erstreckte:

## 1. Aufklärung

Ich erklärte der Familie, die ich vollzählig in meine Praxis bat, die möglichen animistischen oder spiritistischen Hintergründe ihres Tuns. Ich sagte ihr, daß unabhängig davon, ob die eigene Psyche einen Streich spielte oder irgendwelche Geistwesen sich der Sache bedienten, erhebliche seelische, körperliche oder charakterliche Störungen eintreten können. Des weiteren wies ich auf die Notwendigkeit des Gottvertrauens hin. Ich muß nicht bei Verstorbenen oder Geistern Auskunft einholen; Jesus ist der Weg, die Wahrheit und das Leben. Er fordert von uns Vertrauen und Hingabe. Die Bibelstellen bei Dt 18,10 ff. und Is 8,19 (»Soll ein Volk nicht lieber seinen Gott befragen?«) stellte ich vor und verwies auf die Notwendigkeit, durch Gebet und Bibellektüre einen neuen Zugang zu Gott zu finden.

## 2. Beseitigung der okkulten Objekte

Es ist klar, daß alle Gegenstände, die zum Gebrauch der spiritistischen Sitzung gehören und auch dahin führen (etwa das dubiose 7. Buch Mose oder Magiebücher der Rosenkreuzer), beseitigt werden müssen. Nur so kann eine vom okkulten Geruch befreite Atmosphäre geschaffen werden. Es stellte sich heraus, daß außer dem Tischchen meterweise Tapetenrollen, auf die der Tisch seine Krakeleien projizierte, und eine Planchette (Zubehör zum automatischen Schreiben) sowie diverse Pendel zum Repertoire gehörten.

Die beste Beseitigung ist die Verbrennung. So kann nichts in falsche Hände geraten.

## 3. Segnung der Räume

Da die Totenbefragung im Wohnzimmer stattfand und oft genug die Räume jene Atmosphäre erhalten, die wir ihnen geben, empfahl ich die »Reinigung« des Zimmers durch Segnung mit Weihwasser. Dazu muß nicht ein Priester gerufen werden, das kann jeder Getaufte selber tun. Es geht bei dieser Segnung nicht nur um die Ächtung möglicher dämonischer Einflüsse, sondern auch um die Glaubensstärkung der Bewohner, um das sichtbare Zeichen der Verbundenheit mit Jesus Christus. Dies darf nicht als Automatismus oder abergläubische Abwehr von Unglück mißdeutet werden.

## 4. Empfang der Sakramente

Da die Familie ihren katholischen Glauben praktizierte und sie jene Totenbefragung nicht als Widerspruch zum christlichen Glauben empfand, empfahl ich ihr als nächstes, ein Beichtgespräch bei einem Pfarrer zu führen und die sakramentale Vergebung der Schuld zu empfangen. Letztlich kommt die okkulte Handlung einem Götzendienst gleich: Der Vertrauensmangel Gott gegenüber führte zu dem Versuch, über die Toten direkt Auskunft einzuholen und Gott ein bißchen in die Karten zu schauen. Die Absage an solche Handlungen, die Erneuerung des Taufversprechens sowie der Empfang des Abendmahls stellen die gestörte Beziehung zu Gott wieder her. Bei massiven körperlichen Erkrankungen kann auch der Empfang der Krankensalbung von heilender Kraft sein. In diesem Fall schicke ich den Patienten zu bestimmten Priestern, die ich mit dem Vorfall vertraut mache.

## 5. Gebet um Befreiung

Dies ist der heikelste Punkt. Es geht nicht um Exorzismus, also um Austreibung der vermeintlichen oder wirklichen Dämonen. Hier ist höchstes Feingefühl des Seelsorgers verlangt. Da wir selten die Gewißheit haben, wer oder was hinter den okkulten Erkrankungen wirkt, ist es nicht immer ratsam, von dämonischer Behaftung oder Umsessenheit zu sprechen. Eine solche Bemerkung könnte bei ängstlichen, suggestiven Patienten den Teufel buchstäblich erst hineinsuggerieren. Das Gebet um Befreiung bete ich gewöhnlich leise, handauflegend. Ich lege die Hände erst auf, nachdem der Empfang der Sakramente stattgefunden hat; es gibt nämlich auch die Problematik der Übertragung negativer Ausflüsse bei okkult belasteten Menschen.

Im vorliegenden Fall betete ich ohne Handauflegung im Kreis der Familie laut um Befreiung von den seelischen und körperlichen Störungen, um Heilung der Vergangenheit, um Heilung der Verletzungen, die zu diesem okkulten Tun geführt haben könnten, um Stärkung des Glaubens. Dann bat ich Gott, den kommentierenden Stimmen bei der Tochter Einhalt zu gebieten, und stellte die ganze Familie unter den Schutz Jesu Christi.

Ich forderte die Familie auf, künftig täglich in ähnlicher Weise zu beten und sich nicht mehr um die Stimmen zu kümmern. Wir vereinbarten monatliche Termine, in denen der Fortschritt der Heilung zur Sprache kam und gebetet wurde. Die Stimmen wurden immer leiser; die Ängste gingen zurück. Die ganze Familie war nach einem halben Jahr wieder gesund.

Das war ein mittelschweres Beispiel. In schweren Fällen, in denen moralische, also charakterliche Veränderungen vorliegen, gekoppelt mit Gebetsabwehr oder Lästerzwang, schicke ich die Patienten zu einem erfahrenen Priester. Dann ist es manchmal erforderlich, beharrlich im Team um Befreiung und Heilung zu beten. Medikamente sind als Begleitmaßnahme mitunter sehr förderlich, jedoch bewirken sie in den meisten Fällen keinerlei Veränderung.

Ich möchte dringend darauf hinweisen, daß ein therapeutischer Alleingang im Umgang mit okkult belasteten Patienten nur in leichten Fällen anzuraten ist; im allgemeinen ist die Kooperation von Arzt, Priester und Psychologe zu empfehlen, die alle derselbe Glaube verbindet.

Wie gesagt, die Unterscheidung von okkulter oder rein nervlicher/seelischer Belastung ist nicht immer möglich. Die Tatsache, daß beharrliches Beten auch dann hilft, wenn der Patient die Gebete nicht hört, davon nichts weiß, schließt die Erklärung der Heilung durch Suggestion aus. Vieles bleibt dennoch rätselhaft. Eines der größten Rätsel ist zum Beispiel die Tatsache, daß dämonisch orientierte Okkultisten, beispielsweise Satanspriester, zu paranormalen Fähigkeiten gelangen, die in destruktiver Weise eingesetzt werden. Selbst die sogenannte Weiße Magie vermag keine bleibenden positiven Akzente zu setzen. Ihre in komplizierten und undurchschaubaren Zeremonien bewirkten Heilungen sind kurzlebig, womöglich ein Placebo-Effekt oder eine auf telepathischem Weg erlangte Beeinflussung von schwindender Intensität. Dies darf nicht verwechselt werden mit der natürlichen Heilkraft aus den Händen eines heilbegabten Menschen oder mit den charismatisch begabten Heilern, die sich vom Geist Gottes führen lassen. Denn Heilungskraft kann drei Quellen haben: eine göttliche, eine menschliche und eine dämonische.

Manche Christen bemühen sich nicht um Unterscheidung dieser Quellen; sie unterstellen jedem unerklärlichen Phänomen dämonische Herkunft und verunsichern so viele suchende Menschen. In meinem Buch »Wege zum geistlichen Leben« habe ich versucht, eine Differenzierung vorzunehmen; ich möchte trotzdem noch einmal in Kürze aufzählen, was nicht von vornherein in die Kompetenz des Dämons gehört:

Homöopathie, Irisdiagnostik, Autogenes Training, klinische Hypnose, Wünschelrute und Pendel (wenn es um die Ortung von Erdstrahlen oder Wasseradern geht), Akupunktur, Magnet-Therapie, Atem- und Entspannungsübungen (oft Hatha-Yoga genannt). Dies alles ist ebensowenig dämonisch wie der Alkohol. Es kommt immer auch auf das Maß, das Motiv und die Methode an.

Einer der Gründe für die übertriebene Dämonisierung solcher Verfahren liegt in der verhängnisvollen Gleichsetzung von Okkultismus und Dämonie. Das Wort »okkult« bedeutet »verborgen, geheim« und nicht »satanisch«. Es besagt, daß manche Zusammenhänge (noch) verborgen sind, so daß fundamentalistisch Gläubige eine antichristliche Macht dahinter wittern. Aber auch im Wirken des Heiligen Geistes durchschauen wir oft nicht die Zusammenhänge. Es wäre durchaus legitim, in der sensitiven Gabe des Wünschelrutengebrauchs eine göttliche Begabung zu sehen, die dem Menschen beim Aufsuchen von lebenswichtigen Wasseradern hilft. Viele Klöster und einsame Bergbewohner haben auf diese Art ihre Brunnen bauen können und sind Gott dafür dankbar.

Aber schon die Pharisäer damals, also sehr fromme, gesetzes-treue Leute, unterstellten Jesus, er würde »Teufel mit Beelzebub austreiben«, d. h. in der Kraft des Satans Gutes tun.

Ein anderer Grund für dieses dämo-kratische Denken liegt in der Tatsache, daß viele der oben genannten Verfahrensweisen aus vorchristlicher, heidnischer Welt stammen. Statt nun zu »prüfen und das Gute zu behalten«, wird alles pauschal abge-lehnt und als Repertoire des Teufels verstanden. Auf diese Weise wird natürlich jeglicher Forschungstrieb und die Not-wendigkeit einer ernsthaften Auseinandersetzung im Ansatz unterdrückt.

Wer hinter all diesen Dingen, die sich auch mißbrauchen lassen, ausschließlich ein Werk des Teufels sieht, wird konsequenter-weise jede Krankheit, jedes persönliche Unglück als Folge sol-chen Tuns deuten. Stellen sich beispielsweise Schlafstörungen ein, nachdem der Betreffende auf Grund einer Irisdiagnose zu hören bekam, er leide unter einer Leberfunktionsstörung, wird dies als Strafe Gottes für sein okkultes Tun hingestellt. Daß ganz andere, psychologische oder medizinische Erklärungen ge-funden werden könnten, wird nicht weiter in Betracht gezo-gen.

Theresia von Avila sagte einmal: »Wen der Teufel nicht zur Sünde verführen kann, den verführt er zur Übertreibung des Guten.« In der Tat: Ich werde das Gefühl nicht los, daß bei manchen Christen die Angst vor einem möglichen Fehler jede Eigeninitiative und jeden Sprung ins Ungewisse unterbindet. Dahinter mag sich ein größerer Mangel an Gottvertrauen ver-bergen, als sie selber je vermuten würden.

In dem Buch eines evangelischen Arztes wird den katholischen Christen vorgeworfen, sie betrieben mit ihrer Marienverehrung und mit der Anwendung der Hildegard-Medizin (gemeint ist die Naturheilkunde der hl. Hildegard von Bingen) eine subtile Art von Okkultismus. Unsichere, aber fromme Gemüter wer-den durch die Lektüre dieses Buches noch unsicherer und ängst-licher gemacht. Hier muß mit Entschiedenheit eine verbind-liche, klare Antwort gegeben werden: Wenn hier irgend etwas überhaupt okkult sein kann, dann eine solche Behauptung! Warum? Weil sie Verwirrung stiftet, Angst macht, mehr Droh- als Frohbotschaft ist, biblisch nicht abzudecken ist.

Ich glaube, daß es Menschen gibt, die auf ihrer Suche nach Gott gewillt sind, alles aufzugeben, außer ihren eigenen, falschen Vorstellungen von Gott.

Ein anderes Beispiel: Weil etliche Rockmusiker zugeben, mit ihrer Musik Satansbotschaften zu verbreiten, und okkulte Handlungen widerwärtigster Art praktizieren, verteufeln Fundamentalisten nun die Rockmusik in Bausch und Bogen. Diese Generalverurteilung führt aber nicht zur gewünschten Abkehr, sondern eher zur Neugierde, zu Trotzreaktionen; denn wer alles unkritisch über einen Kamm schert, kann nicht ernst genommen werden.

Auch hier tut Differenzierung not. Wer gute Rockmusik hört, aber von der möglichen, unhörbaren Satansbotschaft im hohen Frequenzbereich nichts weiß, braucht als ehrlicher Christ keine Angst zu haben, daß er nun von diesen geheimen Texten manipuliert würde. Er darf sich des Schutzes Christi gewiß sein. Wenn er jedoch von seltsamen Gefühlen ergriffen wird, die er nicht recht einordnen kann, sollte er Konsequenzen ziehen.

Eine hundertprozentige Gewißheit in der Unterscheidung der Geister hat der Mensch nicht, auch nicht der geistliche Mensch. Hierin unterscheidet er sich bisweilen vom religiösen Fanatiker, der allzuschnell seine dogmatische Meinung bildet.

Bestimmte Rhythmen in der Beat- bzw. Rockmusik lösen in Verbindung mit stereotypen Körperbewegungen (Schaukeln, Schütteln, Wiegen) die Gruppe der Dopodamine aus, körpereigene Opiate. Sie bewirken eine euphorische Stimmung, die sogar bis zum Kritikverlust reichen kann. Vermutlich ist die Hirnanhangdrüse Hauptproduzent dieser Dopodamine, die in Verbindung mit den Streßhormonen Serotonin und Adrenalin nicht nur ein angenehmes High-Gefühl, sondern auch aggressive Stimmung erzeugen.

Dies würde die oft rätselhaften Reaktionen der Dauerkonsumenten von harter Rockmusik physiologisch erklären. Hat einer bei einer bestimmten Platte wiederholt solche euphorische Stimmung, wird er an diese Lieblingsmusik konditioniert, d. h., er wird seelisch abhängig von dieser Musik.

Gewissenlose Produzenten, die um jene Vorgänge wissen, können diese Konditionierung ganz bewußt fördern durch pausenlose, sehr laute Schlagrhythmen mit zusätzlichen verbalen Aufpeitschern. Manche Aufpeitscher werden nun auch in unhörbaren Frequenzbereichen eingebaut, um auf dem Weg des Unterbewußten eine Manipulation zu erreichen.

Von daher sind gewisse Verhaltensweisen bei jungen Menschen genauer zu überprüfen: Woher kommt die zunehmende Nervosität? Die Unfähigkeit zur Muße, zum christlichen Meditieren? Zum Beten? Woher die Sucht nach täglichem und stundenlangem Konsum dieser Musik? Woher die Todessehnsüchte oder autoaggressiven Denkweisen, die manchmal bei Hardrock-Anhängern zu bemerken sind?

Es gibt auch gute, ja christliche Rockmusik, d. h. fetzige Beatweisen, die besonderen Wert auf die Mitteilung ihrer Texte legen (z. B. die Gruppe »Effata« aus Ravensburg, Cliff Richard, Theophiles…).

Nicht jeder Hörer der harten Rockmusik ist anfällig für die unterschwelligen Botschaften und körperlichen Reaktionen. Das hängt auch von der jeweiligen Suggestibilität ab, gewiß auch von der Motivation und augenblicklichen psychosomatischen Verfassung.

Entscheidend sind stets die Früchte: Hinterläßt dieses Tun in mir ein Gefühl der Freude und der Gelassenheit? Oder eher ein Gefühl von Angst, Unruhe oder gar Abhängigkeit? Führt es mich näher zu Gott und tiefer ins Gebet oder weg davon? Gerate ich so eher unter die Führung des Heiligen Geistes oder vielmehr in den Bann eines Menschen bzw. eines antichristlichen Geistes?

Es kommt immer wieder vor, daß Mütter ihre Kinder ablehnen. So ist es leider eine traurige Tatsache, daß etliche Frauen ihr Kind nicht nur als Belastung empfinden, sobald sie von ihrer Schwangerschaft erfahren, sondern buchstäblich verwünschen. Diese Verwünschung kommt einer geistigen Abtreibung gleich und kann zur Folge haben, daß sich von da an negative Kräfte im werdenden Kind ausbreiten. Man könnte fast meinen, der Teufel persönlich nehme sich des Kindes an, wenn es von seiner Mutter verworfen wird. Diese abgelehnten und verfluchten Kinder zeigen nämlich vom Tag ihrer Geburt an zunehmend unerklärliche Verhaltensweisen, die durch beharrliches Gebet um Befreiung beeinflußt werden können. Es gehört also auch zu einer gründlichen Anamnese der späteren Krankheitsgeschichte die Befragung der Mutter hinsichtlich ihrer Gefühle während der Schwangerschaft.

Ich bin mir der Problematik okkult bedingter Erkrankungen sehr bewußt. Weit weg davon, eine Dämo-Kratie zu lehren und vorschnell allüberall den Teufel zu wittern, wäre es dennoch unklug, sämtliche Okkulthandlungen zu bagatellisieren und deren schädliche Folgen auf animistischer Ebene zu erklären. Das hieße, den Kopf in den Sand zu stecken. Jesus spricht von der betrügerischen Macht des Bösen, vom Fürsten der Finsternis, vom Antichrist. Er spricht von ihm als von einem personalen Wesen, das den Menschen zu täuschen imstande ist, so daß selbst Gläubige verunsichert werden. Ein christlicher Therapeut handelt unverantwortlich, wenn er die Existenz des Bösen in der Welt der Fabeln und Märchen ansiedelt. Er würde sich mit dieser Blauäugigkeit auf derselben Ebene bewegen wie jene Ärzte, die alle mysteriösen Ausdrucksformen der kranken Psyche auf die Hysterie reduzierten und mit dieser Diagnose den Patienten in seiner Hilflosigkeit alleinließen.

Andererseits halte ich es für äußerst gefährlich, die Macht des Satans zu glorifizieren und ihn als weisen Geist von hoher Intelligenz hinzustellen, wie dies Michael Ende tut (Vgl. sein Interview in »Idea« Nr. 42/86). Wo aber die gesunde biblische Orientierung ausbleibt, kann sich rasch ein verwaschenes Herumglauben breitmachen. »Es gibt kein anderes Evangelium; es gibt nur gewisse Leute, die euch verwirren!« (Gal 1,7)


## DIE PRAKTISCHE ÜBUNG
## DER JESUS-IMAGINATION

Im allgemeinen bediene ich mich in der Therapie selten eines einzigen Verfahrens, sondern kombiniere verschiedene Methoden miteinander. Damit erhöht sich die Erfolgswahrscheinlichkeit. Außerdem wird Zeit gewonnen. Hierbei bestimmen Diagnose der Störung und Persönlichkeit des Patienten die Kombination. Neben der analytischen Gesprächspsychotherapie setze ich auch verhaltenstherapeutische Verfahren ein (Desensibilisierung in vivo bei Platzangst z. B.), wenn erforderlich Entspannungsmethoden (Autogenes Training, Flachhypnose, systematische Muskelrelaxation, Energieatmung) und bei Störungen des Selbstwertgefühls, bei verdrängten Gefühlen (Wut, Schuld...) sowie bei religiösen Problemen die Meditation in Form einer Jesus-Imagination.

Diese Imagination (bildhafte Vorstellung) entspricht dem katathymen Bilderleben, also der Überstufe des Autogenen Trainings. Während für gewöhnlich der Patient die Bilder im entspannten Zustand selber imaginiert, übernehme ich teilweise die Leitung, indem ich bei Verwendung einer leisen Hintergrundmusik die zu phantasierenden Situationen und Personen selber einbringe. Dazwischen bleiben immer wieder Phasen der Stille. Die Musik soll das Gehirn in den Alphawellenbereich bringen, also in einen entspannten, träumerischen und besinnlichen Zustand. Es gibt dafür eigene Kompositionen; doch lassen sich ruhige Sätze (»andante«, »largo«) der klassischen Musik ebensogut verwenden.

Die Meditation, die im Liegen stattfindet und mit Entspannungsübungen eingeleitet wird, gelingt auf Dauer nur, wenn ihr Ziel mit gewollt wird, nämlich das Ähnlichwerden der Gesinnung Jesu, die Annäherung an sein Denken, Fühlen und Wollen. Daher kann sie nur durchgeführt werden, wenn der Patient selber dafür offen ist.

In der Imagination soll der Patient nicht allein mit der Person Jesu konfrontiert werden, sondern mit allen Personen, die ihn in besonderer Weise verletzt haben, gegenüber denen er Zorn und Bitterkeit empfindet. Es kommt zu Gesprächen, zu Ausbrüchen verdrängter Empfindungen, zu notwendigen überfälligen Auseinandersetzungen, zu Versöhnungsszenen. Die jeweils körperlichen Reaktionen lassen sich am Biofeedbackgerät, an das der Patient angeschlossen wird, beobachten. Diese imaginierten Gespräche fördern ein Maß an Aufrichtigkeit, das wir sonst in der realen Situation nicht aufbringen aus Angst vor Ablehnung oder aus Angst, weh zu tun. In dieser Phantasie ist es nicht schwer, Jesus einzuladen und sich mit ihm über die unangenehmen Erlebnisse zu unterhalten, und zwar so ehrlich, wie man es wohl mit keinem Therapeuten macht. Dazu gehört auch der Ausdruck seiner wütenden Ohnmacht, den mancher Gott gegenüber hat. Alles soll ausgesprochen und ausgejammert werden.

Solche Übungen brauchen Zeit, brauchen oftmals mehrere An-
läufe, bis sie zu wirken beginnen. Nicht jeder Patient besitzt die
Fähigkeit zur Eidetik, zur bildhaften Denkweise. Dann sollte
man auf diese meditative Form verzichten und andere Verfahren
nutzen, etwa das Rollenspiel.

Um den konkreten Ablauf dieser Imagination darzulegen,
möchte ich drei unterschiedliche Fälle vorstellen. Die Dauer der
Therapien erstreckte sich auf maximal 20 Sitzungen; danach
konnten die Patienten als relativ stabil entlassen werden. Nicht
immer reichen so wenige Termine, und nicht immer gelingt die
Imagination. Bei der Durchführung der Therapie ist es übringens
belanglos, ob der Patient sieben Tage hintereinander täglich oder
nur einmal in der Woche kommt. Blocktherapien, die bei weit-
hergereisten Patienten angebracht sind, erfordern jedoch eine
spätere Kontrollsitzung.

Die Namen und näheren Umstände der Patienten sind geändert
worden, ansonsten beschreibe ich den Verlauf nach den Proto-
kollunterlagen.

Beispiel 1: Inge Höfer, 44 Jahre, diffuse Ängste

Frau Höfer klagte über Angstzustände, vornehmlich auch über
Platzangst in der Kirche, über alle möglichen vegetativen Funktionsstörungen und über eine unerträgliche Einsamkeitsangst,
wenn ihr Mann außer Haus war. Sie hatte zwei Kinder, adop-
tierte ein drittes Kind aus dem Waisenhaus und mußte nach eini-
ger Zeit feststellen, daß dieses so fröhliche Kind geistig behindert
war. Die Heimleitung, so glaubte sie, hatte ihr diese Störung ver-
schwiegen.

Die Angstzustände waren eigentlich immer da und wurden noch
verstärkt, nachdem die geistige Behinderung der Adoptivtochter
erkannt war. Ludiomil und Tranxilium halfen nicht. So entschloß sie sich zu einer Therapie und kam zu mir.

In der ersten Sitzung kam zutage, daß sie einen tiefen Groll gegen
ihre Eltern verspürte, weil diese jegliche Eigeninitiative unterbunden hatten. Sie bezeichnet die Erziehung als »liebevoll unter-
drückend« und sah in ihr auch die Ursache für die Angst vor der
Einsamkeit und vor plötzlich auftretenden Problemen, denen sie
sich nicht gewachsen fühlte. Sie konnte sich nicht erinnern, daß

ihre Mutter sie jemals in den Arm genommen und mit ihr geschmust hätte.

In der zweiten Sitzung wurde ihr deutlich, daß sie auf Grund ihres erlittenen Liebesdefizits eine große Sehnsucht nach Zärtlichkeit hatte und das Problem mit der Adoption in den Griff bekommen wollte. Die gewünschte körperliche Zuneigung erlitt allerdings einen abrupten Tiefschlag, als die geistige Behinderung des Kindes immer mehr zur Gewißheit wurde.

*Therapeut:* Ich kann mir vorstellen, daß Sie von diesem Moment an nicht nur Wut auf die Heimleitung hatten, sondern auch auf Gott, der Ihnen das zumutet.

*Frau H.:* Das können Sie mir glauben! Mein Mann wollte das Kind nicht. Aber die Heimleitung drängte, und ich kann ja so schlecht »nein« sagen. Hätte ich doch nur einmal nein gesagt!

*Th.:* Wie deuten Sie denn diese schmerzliche Situation? Empfinden Sie sie als Bestrafung Gottes, als Zumutung oder irgendwo auch als Chance?

*Frau H.:* Als Bestrafung nicht. Ich sehe immer mehr ein, daß ich das Kind ablehne, daß ich mit der Behinderung nicht klarkomme. Ein Teil unserer Freunde hat uns den Rücken gekehrt. Ich glaube, es ist die große Unsicherheit dem Kind gegenüber. Ich weiß ja auch nicht, wie ich mich zu verhalten habe.

*Th.:* Kann es sein, daß Sie Ihre Unsicherheit mehr ablehnen als das Kind?

*Frau H.:* Das kann schon sein. Aber schauen Sie, das Kind ist ja immer fröhlich. Es ist stets gut gelaunt. Ich hätte gar keinen Grund zur Ablehnung.

*Th.:* Sie hätten keinen Grund, wenn nicht...

*Frau H.:* ...wenn ich wüßte, wie ich mich zu verhalten habe.

*Th.:* Sie leiden mehr als das Kind. Tun Sie sich schwer, loszulassen? Ich meine, das Kind ebenbürtig mit den anderen zu betrachten und nicht so verbissen dafür zu sorgen, daß die Welt nach außen heil erscheint?

*Frau H.:* Sie sagen es. Ich habe immer diese Angst vor dem Gerede der anderen. Andererseits muß ich erkennen, daß ich ohne dieses Kind keine Beziehung zu Gott hätte, jedenfalls nicht so wie jetzt.

*Th.:* Sie sind also in gewisser Weise Gott dankbar für diese Zumutung?

*Frau H.:* So ist es. Ich denke, das mußte alles so kommen...

Im weiteren Verlauf des Gesprächs kam ihr die Erkenntnis, daß Gott womöglich sie als Mutter für dieses Kind ausgesucht habe und ihre Unfähigkeit zum Neinsagen positiv ausnutze. Dennoch habe sie diese Wut auf die Heimleitung. Und mit diesen zwiespältigen Gefühlen tue sie sich schwer. Es fiel ihr ein, daß die Platzangst in der Kirche, die mit Übelkeit und Schwindelgefühlen einhergeht, erst eingetreten sei, nachdem ihr die Behinderung des Kindes klar war.

In der dritten Sitzung führten wir die Imagination durch, in der Begegnungen mit ihren Eltern, mit der Heimleiterin und mit Jesus stattfanden. Die entscheidende Phase hier noch einmal im Wortlaut:

»Sie befinden sich auf einer großen, bunten Wiese. Sie erfreuen sich an den Farben und Formen, am Gesang der Vögel, an den Sonnenstrahlen... Sie beobachten einen Schmetterling, der sich gerade auf einer Blume ausruht... In wenigen Momenten werden Sie eine Begegnung mit der Heimleiterin haben. Sie können ihr alles sagen, was Sie belastet und ärgert... Da erscheint sie auf der Wiese. Sie kommt Ihnen entgegen. Führen Sie jetzt das Gespräch mit ihr und lassen Sie sie dann auch zu Wort kommen. (Pause ca. 5 Min.)

Das Gespräch geht zu Ende. Sie sehen, wie Jesus auf Sie zukommt. Deutlich erkennen Sie seine Gesichtszüge. Er nimmt Sie bei der Hand und geht mit Ihnen etwas abseits. Er weiß um Ihre Gefühle, um Ihre Ängste, um Ihren Groll. Er möchte Ihnen etwas sagen. Hören Sie gut zu. (Pause)

Jetzt können Sie ihn bitten, in Ihrem Auftrag auf die Heimleiterin zuzugehen, die am Rand der Wiese steht. Wenn es Ihrem innersten Gefühl entspricht, dann tragen Sie ihm auf, er möge ihr in Ihrem Auftrag vergeben...

Danach tritt Jesus noch einmal auf Sie zu, umarmt Sie und entschwindet Ihren Blicken. Sie befinden sich jetzt allein auf der Wiese. Nein, nicht allein. Sie sehen plötzlich neben sich Ihr Sorgenkind, das fröhlich lacht. Tun Sie jetzt das, was Sie immer schon tun wollten... (Pause)

Sie sind allein, aber nicht einsam. Sie fühlen sich entspannt. Öffnen Sie die Augen und lassen Sie sich etwas Zeit. Wenn Sie wollen, können Sie mir jetzt erzählen, was Sie erlebt haben.«

Frau Höfer berichtete nun im Detail ihre phantasierten Bilder und Gespräche. Dabei fielen unter anderem folgende Bemerkungen:

Ich sehe jetzt manches anders. Ich glaube auch, daß die Heimleiterin die Behinderung des Kindes gar nicht erkannte. Mein Mann und ich haben das ja auch erst viel später festgestellt. Das wurde ja erst deutlich, als es so vier Jahre alt war.

*Th.:* Hat Jesus etwas zu Ihnen gesagt?

*Frau H.:* Ja. Er sagte: Ich habe dich bei deinem Namen gerufen, du bist mein.

*Th.:* Können Sie etwas damit anfangen?

*Frau H.:* Ja. Ich sehe das so: Er hat mir das Kind anvertrauen wollen, damit ich ein neues Verhältnis zu ihm bekäme. Ich habe ja vorher mit Gott nicht viel am Hut gehabt.

*Th.:* Wollen Sie mir sagen, was Sie am Schluß mit dem Kind gesprochen haben?

*Frau H.:* Wir haben nichts besprochen. Ich habe es in die Arme genommen.

In den folgenden Sitzungen wurden weitere Gespräche und Imaginationen durchgeführt. Das Verhältnis zu den Eltern wurde aufgearbeitet, eine verdrängte Wut auf eine ehemalige Freundin wurde erkannt und geklärt. Sie deutete die Übelkeit in der Kirche als unbewußte Protestaktion gegen Gott, der ihr das Kind zumutete. Frau Höfer machte Fortschritte; sie war bereit, das fröhliche Sorgenkind aus ihrer Überfürsorglichkeit zu entlassen und wieder mehr auch an sich selbst zu denken. Denn die ständige Angst um das Kind bzw. um das Image der Familie hatte sie auch vegetativ belastet und nährte den Groll gegen sich selbst, den sie nach außen projizierte.

»Wer sich selber nichts gönnt, wem wird er Gutes tun? Sein eigen Glück wird er mitnichten finden!« sagt ein Wort der Bibel (Sir 14,5)

Beispiel 2: Klaus Kamm, 26 Jahre, Minderwertigkeitskomplexe, Depressionen

Klaus Kamm zeigte unspezifische Störungen, die sich nicht in einer einzigen Diagnose fassen ließen. Er litt unter erheblichen Glaubenszweifeln, obgleich er große Bereitschaft zum Beten zeigte. Er war unselbständig und traute sich nichts zu, hatte keine Freunde und befaßte sich in seiner Freizeit ausschließlich mit seinem Computer. Die Tätigkeit als Angestellter in einem Großbetrieb füllte ihn nicht aus. Wenn er sprach, blickte er auf den Boden oder zur Seite. Er äußerte quälende Angst vor dem Tod und dem, was danach folgen sollte. Sich selbst hielt er nicht für liebens- und lebenswert, es sei denn, er zeigte enorme Leistungen. Enttäuschungen konnte er nicht gut verkraften; im klinischen Sinn litt er unter einer neurotischen Depression, an deren Entstehung die starke Mutterbindung und Verwöhnung beteiligt war.

Als er zu mir kam, präsentierte er seine Glaubenszweifel und religiösen Leistungsängste als sein Hauptproblem. Ausgelöst wurden diese Ängste immer dann, wenn ein Todesfall in der Bekanntschaft eintrat, wenn es ihm gesundheitlich schlecht ging. Er zeigte eine hohe Suggestibilität (Beeinflußbarkeit), die es mir ermöglichte, neben der rational-emotiven Therapie auch Persuasions- und Suggestionsverfahren einzusetzen. Rational-emotive Therapie hat zum Ziel, durch Hinterfragen der Ängste die Erkenntnis wachsen zu lassen, daß die Ängste absolut wirkungslos sind, wenn ich sie als hausgemachte aufgebauschte Schreckgespenster entlarvt habe. In der Regel werden solche neurotischen Angstinhalte durch ein negatives Deuten der Umstände produziert. Persuasion ist die Kunst der Überzeugung. So besprachen wir allwöchentlich seine gedanklichen Labyrinthe, die ihm vorgaukelten, er sei ein unfähiger, unbegabter und von Gott verlassener Mensch.

Nach etlichen Wochen schien sich sein Zustand zu bessern. Er zeigte jedenfalls erstmals positive Reaktionen und eine verminderte Angst. Ich entschloß mich, nun zur Jesus-Imagination überzugehen, die sich folgendermaßen abspielte:

»Sie kennen das Autogene Training. Versuchen Sie jetzt selbst einmal, sich zu entspannen, sich auf eine angenehme Schwere und Wärme einzustellen. Lassen Sie sich dafür Zeit. Eine ruhige Musik wird Ihnen bei der vegetativen Umschaltung helfen. (Pause 5 Min.)

Sie sind ganz entspannt und angenehm dösig. In Gedanken befinden Sie sich jetzt auf einer Lichtung am Rande eines Waldes. Die Sonne scheint, und Sie spüren deutlich die Wärme der Sonnenstrahlen. Sie nehmen den Geruch des Holzes wahr... Sie bereiten sich innerlich auf eine Begegnung mit Jesus vor; er wird gleich erscheinen, um Ihre Sorgen und Probleme anzuhören und um Ihnen darauf zu antworten...

Deutlich können Sie ihn erkennen, wie er in seinem langen Gewand auf Sie zukommt, mit einem unmerklichen Lächeln im Gesicht. Sie spüren seine heilende und wärmende Ausstrahlung... Jetzt steht er vor Ihnen und legt seine rechte Hand auf Ihre Schulter... Er fordert Sie auf, zu sprechen und all Ihre Ängste preiszugeben, all Ihre Wünsche... (Pause 10 Min.)

Sie haben ihm alles gesagt, was Sie bedrückt. Er schaut Sie an und teilt Ihnen nun eine wichtige Botschaft mit, die Ihnen weiterhilft. Hören Sie gut zu! (Pause 1 Min.)

Sie fühlen sich freier und leichter. Zum Abschluß des Gesprächs umarmt er Sie und entschwindet Ihren Augen. Sie befinden sich wieder allein auf der Lichtung und wissen, daß Sie keine Ängste zu haben brauchen, daß Sie von Gott mit Gaben beschenkt wurden und sich nicht durch Leistung beliebt machen müssen...

Öffnen Sie die Augen. Schütteln Sie die Arme kräftig und stehen Sie langsam auf.«

*K.:* Ich konnte mir alles gut vorstellen. Nur manchmal hatte ich Schwierigkeiten, mir Jesus vorzustellen. Einmal sah er aus wie ein guter Bekannter von mir.

*Th.:* Hat er etwas zu Ihnen gesagt?

*K.:* Ja. Ganz am Schluß sagte er: Fürchte dich nicht. Ich bin bei dir.

*Th.:* Können Sie sich vorstellen, daß diese Meditationen in Verbindung mit praktischen Übungen Ihre Ängste überwinden helfen?

*K.:* Das kann sein... Nur wenn dann die Angst wiederkommt...

*Th.:* Sie malen sich schon vorher die Situation entsprechend negativ aus. Ist Ihnen klar, daß Sie durch Ihr Denken, nicht durch Ihr Gefühl den Erfolg bzw. Mißerfolg programmieren?

*K.:* Nicht so ganz...

Während der weiteren Sitzungen änderte ich die Therapie, indem ich typische Angstsituationen vorstellte und den Patienten aufforderte, sie positiv umzudeuten, sich also vorzustellen, wie er entspannt und zuversichtlich auf Menschen zugeht, Kontakte knüpft, wobei ihm Jesus stets zur Seite steht, wie er es ja selbst zugesagt hat. Da Gedanken die Tendenz haben, sich durchzusetzen, wenn sie lang und intensiv genug gedacht werden, machte ich ihm klar, daß nur das beharrliche Vorstellen der Problembewältigung Erfolg hat. Das systematische Vorstellen solcher Szenen ist unter Sportlern als mentales Training sehr beliebt. »Einem jeden geschehe, wie er glaubt«, sagte Jesus. Insofern muß man auch Seminare zum »positiven Denken« nicht ungeprüft als unchristlich bewerten. Sie können mitunter sogar manchem Christen den Weg zum biblischen Denken aufzeigen. Ich warne allerdings vor ähnlichen Seminaren, die mittels BEP (= Bewußtseinserweiterungsprogramm) eine Form der Selbsterlösung vermitteln wollen, wie das z. B. in Unity-Gruppen, in Erhard-Seminaren oder pseudowissenschaftlichen und scheinchristlichen Vereinen wie der Scientology Church des verstorbenen Romanschriftstellers Ron Hubbard der Fall ist.

Herr Kamm entwickelte allmählich eine realistische Selbsteinschätzung und zeigte erste Erfolge: So lernte er an seinem Arbeitsplatz einen jungen Mann kennen, der ebenfalls einen Heimcomputer besaß; die Todesängste verschwanden nicht ganz, wurden aber etwas schwächer. Die Glaubenszweifel überfielen ihn hin und wieder doch noch. Eine Fortsetzung der Therapie ist nach einem halben Jahr Pause geplant. Bis dahin soll der Arzt klären, ob seine Ängste auch organische Ursachen haben könnten (etwa Schilddrüsenerkrankungen).

Ich möchte noch erwähnen, daß jede Sitzung mit einem Gebet abgeschlossen wurde, das der Patient selber sprach. Dies ist selten und zeigt bereits die ersten selbständigen Schritte.

Natürlich lassen sich nicht alle Probleme auf diese Art lösen. Christliche Therapie erhebt nicht den Anspruch, die alleinige Therapie par excellence zu sein. Diesen Anspruch kann keine Therapie erheben, und wenn sie es tut, ist sie utopisch. Christliche Therapie, insbesondere die Jesus-Imagination, vermag aber religiöse Konflikte zu klären. Und die sind weit mehr verbreitet, als wir ahnen.

Ich möchte abschließend noch auf einen Fall zu sprechen kommen, der in seiner Symptomatik immer wieder vorkommt und den Therapeuten an seine Grenzen führt; denn glatte Erfolge sind selten. Gewöhnlich vollzieht sich die Heilung auf schmerzlichen, langwierigen und mit Rückfällen gespickten Wegen. Das muß klar gesagt werden, sonst entsteht der Eindruck, als ob christliche Therapie problemlos abliefe, sozusagen unter der Erfolgsgarantie ihres Namensträgers Jesus.

Beispiel 3: Maria Wellmann, 62 Jahre, Zwangsneurose, Leistungsfrömmigkeit

Frau Wellmann litt seit ihrer Kindheit unter Zwängen, besonders unter Waschzwang, der mit Eintritt der Wechseljahre zunahm. Darüber hinaus betete sie regelmäßig, besuchte die Gottesdienste und fühlte sich aufgefordert, jedesmal von vorne anzufangen, wenn sie beim Beten abgelenkt wurde. Am meisten machten ihr sexuelle Phantasien zu schaffen, die just im frömmsten Augenblick auftraten und sie in ständige Schuldgefühle brachten.
Ihre Kindheit war geprägt von einer strengen, katholischen Erziehung. Sie war stets eingespannt in den bäuerlichen Familienbetrieb; eine puritanische Mutter beherrschte die Atmosphäre. Alles Sexuelle war tabu; selbst beim Kalben durfte die Patientin nicht anwesend sein. Es überrascht also nicht, daß in ihr eine tiefe Abwehr gegen alles Körperliche entstand. Und daß sie unverheiratet blieb, ist nur zu logisch.
Unzählige Kliniken hatte sie hinter sich, ebenso zahllose Wallfahrten und Gebete um Heilung. Nichts half ihr. Und so stand sie eines Tages vor mir mit der illusionären Erwartung: »Sie sind der einzige, der mir noch helfen kann!« Ich war alles andere als entzückt und bat Gott im stillen um den Geist der Erkenntnis, der Geduld und des Rates.
Jeder Mensch müßte angesichts einer solchen unterdrückenden Erziehung heftigen Groll gegen die Erzieher haben. Doch Frau Wellmann verneinte ihre Wut, ja sie verteidigte ihre noch lebende Mutter, die immer noch das Regiment führte. Mir war völlig klar, daß sie ihre legitimen Aggressionen verdrängt hatte; ich deutete ihre zwanghaften Waschzeremonien als den verzweifelten Versuch, ständig aufkeimende Zorn- und Schuldgefühle abzuwaschen, um endlich einmal Herr über ihre Empfindungen zu werden. Denn es gilt die Regel: Unverarbeitete Konflikte aus früheren Tagen werden unbewußt so oft arrangiert, bis sie ver-

schwinden. Sie verschwinden aber keineswegs, da sie ja unbewußt bleiben. Und was nicht erkannt wird, kann in der Regel nicht geheilt werden.

Und da sie krampfhaft versuchte, das abzuwehren, was sie für schlecht hielt, kam es um so heftiger immer wieder hoch: Die sexuelle Phantasie blieb auf diese tragische Weise ihr ständiger Begleiter. Eine Bejahung dessen, was Gott selber gut fand, kam für sie nicht in Frage. Kopf und Herz standen bei ihr in einem permanenten Widerstreit. Und weil sie sich unschuldig schuldig fühlte, mußte sie ihren prüden Gott mit allerlei frommen Handlungen versöhnen. Doch kein Gebet vermochte sie zu trösten; sie ging hinterher oft verzweifelter zur Tagesordnung über als vorher. Da saß sie nun vor mir, eine schwer gestörte Seele, die, ohne es zu wissen, des Himmels gewiß sein durfte. Doch um welchen Preis?

Ich will jetzt nicht alle Einzelheiten der therapeutischen Möglichkeiten erörtern. Zuerst einmal war mir zum Beten zumute. Ich faßte also alles bislang Gesagte in einem umfangreichen Gebet zusammen und trug es stellvertretend vor Gott. Währenddessen weinte sie leise; hinterher stellte sie fest, wie befreiend solche Art des Betens sei. Ich gebe das Gebet auszugsweise wieder:

»Vater im Himmel, ich stehe vor dir, wie so oft, und bringe dir alle meine Ängste, meine Zwänge, meine Gefühle, meine vermeintliche und wirkliche Schuld. Du siehst in mein Herz und weißt, wie ich es meine und wie ich unter meiner Kindheit, meiner Jugend gelitten habe und noch immer leide. Mir ist die Wut auf diese Erziehung nicht bewußt; ich habe Angst, mich neuerlich schuldig zu machen, wenn ich alle meine Gefühle freilassen würde. Ich empfinde mich durch und durch als schmutzig, als jemand, der vor dem Leben Angst hat, weil es Gefahren birgt. Ich rufe zu dir und bitte dich, mir den Mut zu geben, eigene Wünsche zu akzeptieren, zu mir und meinem Körper Ja zu sagen, meine Enttäuschung zuzulassen und meine Erinnerungen zu heilen. Laß mich erkennen, welche Gaben du mir gegeben hast, wie sehr du selbst das Leben liebst... Ich bitte dich um die innere Freiheit, um den Mut, auch schuldig werden zu dürfen, um die Lebensfreude... Ich danke dir, daß du mir zugehört hast.«

Im Verlauf weiterer Sitzungen wurden ihre Frustrationen deutlicher; ständige Hinweise auf die unerträgliche Dominanz der Mutter ließen erkennen, daß der Zorn in ihr allmählich zutage trat. Zwar reduzierte sie ihre Waschrituale, aber die Heftigkeit ihrer sexuellen Phantasieeinbrüche beunruhigte sie sehr. Die von mir empfohlenen Methoden zur Bewältigung dieser gedanklichen Überfälle griffen nicht. Weder die paradoxe Methode, die bewußt solche Gedanken aufgriff und gestattete, noch das Flooding, das in der aggressiven Übertreibung der Phantasie besteht, noch andere psychologische »Tricks«. Ich reduzierte das Ziel der Therapie auf die Bewältigung der Beziehung zur Mutter, wobei die Imagination Hilfen bot:

Nach der üblichen Einleitung (körperliche Entspannung, imaginierte Wiese) setzte ich fort:

»Sie stellen sich jetzt Jesus vor, wie er auf Sie zukommt, um mit Ihnen zu sprechen. Sie erkennen deutlich seine Gestalt, sein Gesicht, die Haare, den Bart... Sie spüren seine Ausstrahlung... Sie sind in freudiger Erwartung dessen, was er Ihnen wohl sagen möchte. Er kennt Ihre Probleme. Er hat Ihre verzweifelten Gebete immer gehört. Er will Ihnen jetzt sagen, weshalb sich Ihr Zustand nicht besserte. Er will Sie heilen, ohne Frage. Doch braucht er Ihre Mitarbeit dazu. Lassen Sie sich jetzt Zeit für das heilende Gespräch mit ihm. (Pause 10 Min.)

Wenn Sie nicht alles verstanden haben sollten oder abgelenkt worden sind, können Sie ihn jetzt noch einmal fragen, was Sie selbst tun müssen, um von den Zwängen und Ängsten frei zu werden...

Geben Sie mit der Hand ein Zeichen, sobald das Gespräch zu Ende ist... Öffnen Sie Ihre Augen und stehen Sie langsam auf.«

Das Ergebnis war nicht gerade umwerfend. Sie hatte Probleme, sich Jesus vorzustellen. Immerhin äußerte sie wertvolle Erkenntnisse:

*W.:* Mir kam einmal der Gedanke, daß ich mehr für mich tun müsse.

*Th.:* Sie sehen ein, daß Sie sich auch mal durchsetzen müßten gegen den Willen der anderen, z. B. Ihrer Mutter?

*W.:* Ja, ich glaube schon. Ich habe zwar Jesus nicht sehen können, aber da war einmal meine Mutter und mein ältester Bruder,

der mit im Hause wohnt. Die beiden haben sich gestritten. Er leidet ja genauso wie ich.

*Th.:* ... Haben Sie eine Ahnung, was Sie selbst zu Ihrer Heilung konkret beitragen müssen?

*W.:* Vielleicht muß ich mal weg. Ich habe noch nie Urlaub gemacht. Ich habe eine Schwester in H. Aber ich kann doch andererseits meine alte Mutter nicht alleinlassen?

*Th.:* Sie haben Angst, es könnte etwas passieren. Und dann fühlen Sie sich schuldig!?

*W.:* So ist es.

*Th.:* Tun Sie es! Sie können die unselige Vermischung von echten und falschen Schuldgefühlen, unter der Sie leiden, nicht ständig zum Anlaß nehmen, nichts zu riskieren, um nichts falsch zu machen...

Im folgenden sprachen wir über ihre geheimen Wünsche, über die Notwendigkeit, das Neinsagen zu üben, über die krankmachende Verbissenheit, die in eigener Regie alles richtig machen will und demzufolge das Gegenteil oft genug heraufbeschwört. Das alles hat sie eingesehen, aber letztlich nicht praktisch nachvollziehen können.

Insgesamt stellte sich eine geringfügige Besserung ihres Zustandes ein. Ich beendete die Therapie nach 20 Sitzungen, weil die große Entfernung, die sie jedesmal zurücklegen mußte, eine Fortsetzung nicht zuließ. Im übrigen bin ich gegen allzulange Therapien, weil sich dann statt wesentlicher Besserungen eher eine Konflikt- oder Ichfixierung einstellen kann. Wenn sich nach 20 Sitzungen nichts Spürbares tut, kann angenommen werden, daß entweder eine gewisse Resistenz vorliegt oder das Therapieverfahren bzw. der Therapeut gewechselt werden muß oder eventuelle organische Ursachen mit beteiligt sind, die es ärztlich abzuklären gilt. Möglicherweise stehe ich mit dieser Auffassung allein. Doch meine Erfahrung zeigt: Langzeittherapien stehen meist in keinem Verhältnis zum Ergebnis.

Mitunter wäre eine Familien- oder Partnertherapie erfolgversprechender als die beharrliche Bemühung um den Patienten allein, der nicht selten vorgeschobenes Symptom eines kranken Milieus ist. Doch wenn die Bezugspersonen dazu nicht bereit oder fähig sind, bleibt die Einzeltherapie Stückwerk, manchmal auch Sisyphus-Arbeit.

# DIE BEDEUTUNG DES HANDAUFLEGENDEN GEBETES

Es kommt so gut wie gar nicht vor, daß in den therapeutischen Einrichtungen und in seelsorglichen Gesprächen körperliche Berührungen zum Repertoire der Therapie gehören, wenn man einmal vom üblichen Händedruck absieht. Hier herrschen Berührungsängste auch unter den professionellen Helfern. Natürlich lassen sich Umarmung und Halten der Hand nicht zur Regel machen. Dann kann es sogar Ängste auslösen, besonders bei schizoiden und rationalen Charakteren.

Die überlaufenen Sensitivity-Trainings mit ihren körperbetonten gruppendynamischen Übungen sowie die gutbesuchten körperorientierten Seminare asiatischen Zuschnitts zeigen den beachtlichen Trend auf, einen neuen Zugang zu seinem Körper zu finden und leibfeindliche Tendenzen abzubauen. Hier mag sich viel Fragwürdiges, ja für die seelische Reifung höchst Problematisches verbergen, doch sollte es uns Anlaß sein, über den therapeutischen, sprich: menschlichen Umgang mit Leidenden nachzudenken.

Jesus machte bei seinen heilenden Begegnungen reichlich Gebrauch von Berührungen und magisch anmutenden Gesten. Er strich den Blinden über die Augen (Mt 9,29), berührte das verletzte Ohr des Soldaten (Lk 22,51) und die Zunge des Stummen (Mk 7,33). Als er die Schwiegermutter des Petrus bei den Händen nahm, verließ sie das Fieber (Mt 8,15). Schließlich gab er seinen Jüngern den Auftrag, Kranken die Hände aufzulegen, damit sie gesund werden (Mk 16,18 b).

So beteten die Apostel handauflegend für die sieben Gemeindehelfer (Apg 6,6), und Hananias legte dem Saulus die Hände auf, worauf er von der Blindheit geheilt und vom Heiligen Geist erfüllt wurde (Apg 9,17).

Dieser Auftrag wurde lange Zeit in der Kirche übersehen oder nicht ernst genommen. Heute besinnen sich viele Christen dieser Praxis wieder und erfahren tatsächlich erstaunliche Heilungen. Skeptiker werden von Suggestion sprechen, die hier Heilungskräfte des Patienten freilegt. Warum auch nicht? Die alten Kulturen wußten immer schon um die Wirksamkeit der Handauflegung. Und überall in der Welt, dort, wo geheiligte Stätten sind, kann man beobachten, wie fromme Pilger Statuen und geweihte Gegenstände gläubig berühren. Wie abgegriffen ist die Bronzestatue von Pater Rupert Mayer im Münchner Bürgersaal! In einem Zeitalter, im dem sterbende Menschen nicht von liebenden Händen, sondern von kalten Drähten und Schläuchen berührt werden, öffnen sich Tür und Tor für medizinische Scharlatane und Gurus, die das Bedürfnis nach Menschlichkeit auf ihre eigene, ausbeuterische Weise ausnutzen.

Ich will damit nicht sagen, daß nun jeder Therapeut jeden Patienten in die Arme nehmen und trösten soll, daß er jedem Hilfesuchenden seine Hände auflegt und um Heilung betet. Hier bedarf es stets von neuem der klugen Abwägung und Entscheidung. Einmal muß der Patient offen sein für das Angebot Gottes, das ihm Ermutigung und Trost zusprechen will. Zum anderen muß der Therapeut bereit sein, sich vom Geist Gottes führen zu lassen; d. h., er sollte eigentlich in ständigem Kontakt zu seinem Auftraggeber Gott stehen. Dies ist nur möglich durch Gebet.

Auch bedeutet das handauflegende Beten nicht automatisch Heilung. Das wäre Magie. Ich erfahre aber immer wieder, daß dieses biblische Vorgehen beim Patienten ein Gefühl der Geborgenheit zurückläßt, seinen Glauben stärkt, sein Leid erträglicher macht. Sofortige Heilungen kommen selten vor; hingegen sind allmähliche Genesungen häufiger zu beobachten.

Das Auflegen der Hände (auf den Kopf, auf die schmerzenden Körperstellen) stellt weder eine therapeutische »Methode« dar, noch kann es das fachliche Wissen eines Therapeuten ersetzen. Wenn ich durch Handauflegung bete, dann immer als Angebot an den Patienten und am Ende einer Sitzung. Es kommt immer häufiger vor, daß Patienten von sich aus um dieses Gebet bitten. Dabei spreche ich frei und wie es mir gerade eingegeben wird. Ein solches Gebet kann sich folgendermaßen anhören:

»Herr, ich danke dir für deine Schwester (Bruder) N. Du liebst sie (ihn) und hast sie (ihn) mit Gaben und Fähigkeiten ausgestattet, weil du sie (ihn) zur Verwirklichung deiner Pläne brauchst. Schau auf ihr (sein) Herz! Du kennst all ihre (seine) Sorgen, Schmerzen und Nöte. Heile sie (ihn) von diesen Schmerzen, verwandle die Ängste in Freude und schenke ihr (ihm) ein neues Vertrauen in deine Gegenwart. Ich nehme deine Zusage beim

Wort: ›Was immer ihr erbittet, sollt ihr erhalten, wenn es im Glauben geschieht.‹ So bitten wir dich jetzt in diesem Glauben und danken dir für diese Gnade.«

Die Berührung selber vermag im Betroffenen ein vertrauensvolles Verhältnis zum Therapeuten aufzubauen, während das Gebet den Zugang zu Gott öffnet. Im Gebet hört der Patient noch einmal in knapper und verdichteter Form das vorher Gesagte. Manchmal gehe ich im Gebet noch über das bereits Gesagte hinaus und formuliere die Gefühle und Erwartungen, die er bislang vielleicht nur verschlüsselt ausdrückte. Die starke Betroffenheit des Patienten, die manchmal mit Tränen begleitet wird, vermag weitere seelische Schichten freizulegen.

Bei der Praxis der Handauflegung muß aber auch eine Warnung ausgesprochen werden: Patienten dürfen nicht überrumpelt und vereinnahmt werden. Beim Gebet muß darauf geachtet werden, daß sich keine Projektionen einschleichen, also Wünsche und Gefühle des Therapeuten dem Patienten unterstellt werden. Schlimm wäre es, wenn der Therapeut die Erwartung nach sofortiger und gänzlicher Heilung wecken würde.

Manche Kranke wurden zutiefst enttäuscht, nachdem die ihnen versprochene Heilung ausblieb. Niemand kennt die Pläne Gottes; und es ist keinem geholfen mit falschen Hoffnungen. Von den wenigen Beispielen, in denen die besondere Gabe der Heilung und der Erkenntnis eine Rolle spielt, möchte ich jetzt nicht sprechen. Wie und was einer beten soll, ist im Kapitel über das authentische Beten näher beschrieben.

Es wäre schon sehr viel erreicht, wenn Therapeuten für ihre Klienten beten würden. Das muß ja nicht immer bei Anwesenheit der Betreffenden sein. Natürlich geht es auch umgekehrt: Der Patient betet für seinen Helfer. Schließlich sind beide erlösungsbedürftig.

Es kamen Patienten zu mir, denen übereifrige Christen gesagt hatten, sie seien dämonisch belastet, da spiele ein Fluch aus frühen Kindheitstagen eine gewichtige Rolle und ähnliches mehr. Mit derartigen massiven Aussagen kann gar nicht genug aufgepaßt werden. Außerdem gehören solche Grenzsituationen in die Hände erfahrener Seelsorger. Allzuoft wird durch eine so gewichtige Behauptung der Teufel erst hineinsuggeriert. Und dann ist der Zustand des Patienten ärger als zuvor.

Eine junge Frau sagte die geplante Therapie bei mir ab mit den Worten: »Ich hatte Angst vor Ihnen. Bekannte sagten, Sie praktizierten Autogenes Training und Hypnose und dies sei nicht mit dem Christentum zu vereinen. Sie könnten meine Beziehung zu Christus auflösen und eine starke Bindung zum Satan schaffen.« Sie war Opfer einer unkritischen und verallgemeinernden Dämonisierung jeglicher geheimnisvoll erscheinender Therapieverfahren.

Manchmal bekomme ich das Gefühl, gewisse Fundamentalisten und ängstliche Claubensfanatiker geben dem Dämon mehr Raum und Macht als Gott. Es gilt die Regel: Wirkliche Christen brauchen keine Angst zu züchten, da sie »die Waffenrüstungen des Heiligen Geistes« anhaben. Und selbst wenn sie in guter Absicht einmal einen Irrweg betreten haben sollten, ist das kein Grund zum Gezeter. In meiner Praxis jedenfalls wohnt Gott. Da hat der Teufel nichts zu suchen. Und ich darf gewiß sein, von Gott geführt zu werden, da ich vor, während und nach jeder therapeutischen Sitzung um den Geist der Erkenntnis, der Unterscheidung und der Liebe bete.

# HINFÜHRUNG ZUM AUTHENTISCHEN BETEN

Authentisches Beten meint echtes, glaubwürdiges, mündiges Beten, meint dialoghafte Begegnung mit Gott, letztlich immer auch existentielle Hingabe in Form von Reue, Bitte, Lobpreis, Dank, Fürbitte, Anbetung. Wer so betet, spricht im Heiligen Geist. Guareschis Figur Don Camillo praktiziert ein solches authentisches Beten.

In therapeutischen Gesprächen kommt immer wieder die notvolle Bemühung des Menschen um ein solches authentisches Beten zum Ausdruck. Viele klagen über geistliche Trockenheit und geistige Leere, wenn es um ein spontanes, freies Beten geht. Vielfach sind sie nicht über das kindliche Stadium ihrer Frömmigkeit hinausgekommen und sind dennoch nicht imstande, ein kindliches, unbefangenes, befreiendes Sprechen mit dem göttlichen Vater zu praktizieren. Sie halten an gelernten, oft naiven Gebetstexten fest, die mitunter ein verzerrtes Gottesbild wiedergeben.

Manchmal kommen Patienten zu mir mit der Bitte, sie das Beten zu lehren. Gelegentlich wünschen sie das von mir am Ende einer Sitzung frei gesprochene Gebet in schriftlicher Form, um es mit nach Hause zu nehmen. Ich selbst hätte zu früheren Zeiten nicht für möglich gehalten, daß das spontane, laut vorgetragene Gebet des Therapeuten für seinen Patienten solche therapeutische Wirksamkeit zeigen würde. Und allein schon von daher ist neben der Fürsorge und Fürklage auch die Fürsprache vor dem gemeinsamen Vater eine Aufgabe der christlichen Therapie. Ich meine nicht das Gebet, das ein Therapeut seinem Klienten verspricht und dann in seiner privaten Zeit auch verrichtet; sondern ich betone die gemeinsame Hinwendung zu Gott, denn »wo zwei oder drei in meinem Namen versammelt sind, bin ich mitten unter ihnen« (Mt 18,20).

Authentisches Beten muß nicht heißen, daß jeder in der gleichen Weise spricht, sich ähnlicher Formulierungen bedient und dann doch wieder in ein festgefügtes Schema rutscht. »Ich weiß nie, was ich sagen soll«, meinte ein junger Mann, »wenn ich doch wenigstens so beten könnte wie Sie.« Beten ist keine religiöse Leistung, keine »Mengenlehre«, die Gott verlangen würde. So wie jedes Kind eine individuelle Prägung hat, so hat auch der Beter seine eigene Art: Der eine sprudelt über, während der andere eher Zurückhaltung übt. Gott liebt jeden in seiner Art.

Nicht-authentisches Beten liegt zum Beispiel dann vor, wenn einer vom Verlangen bestimmt ist, mehr zu haben als zu sein. Wenn er Geld, beruflichen Erfolg, Ansehen, Glück oder immer wieder materielle Erfüllung erbittet. Oder wenn jemand sehr darauf bedacht ist, seine Ausdrucksfähigkeit zur Geltung zu bringen. Solches Beten ist geistige Eitelkeit und hat mehr sein Selbstbewußtsein als die Ehre Gottes zum Ziel.

Mancher leidet unter seinem Pflichtgefühl, Gott Zeit zu schulden, und betet eine bestimmte Spanne seines Tages, jedoch zu oft mit dem Empfinden, diese Zeit widerwillig zu schenken, weil man es mit Gott ja nicht verderben will. Und so geschieht es dann, daß er zwar betet, aber im Herzen fern ist von Gott.

Andere fühlen die innere Zerrissenheit und Kluft zwischen Anspruch und Wirklichkeit: Sie reichen mit ihrem Herzen nicht an das heran, was sie mit den Worten von Anbetung, Lob, Reue usw. meinen. So glauben sie zu heucheln, weil sie sagen, was sie in Wahrheit doch nicht leisten können, und stellen schließlich stammelnd ihr Beten ganz ein.

Schließlich gibt es noch die, die sich fürchten, ihrem Gott zu begegnen, weil sie nicht bereit sind, auf eine bestimmte Sünde zu verzichten. Sie sind (noch) nicht bereit, das zu geben, was Gott fordert, und lassen ab vom Beten, statt täglich und immer wieder in derselben Penetranz um die Gnade zu flehen, die die Liebe in ihnen wachsen läßt.

Ihnen allen muß gesagt werden, daß Gott sie liebt und auf sie wartet in Geduld, wohl wissend um ihre Not; daß die überhöhten Anforderungen hausgemacht sind und keineswegs von Gott kommen. Es gehört zum Erlernen des authentischen Betens immer auch der Kampf, die Leere, das hilflose Gestammel eines verzweifelten Kindes...

Da gerade das Gebet um Heilung in der Therapie eine zentrale Rolle spielt, ist es an der Zeit, die typischen Fehler und nicht-authentischen Gebetsformen hierbei aufzudecken. Ich erwähnte bereits, daß es unverantwortlich ist, im kranken Menschen eine Heilungserwartung zu wecken, die nicht erfüllt wird. Wer weiß vorher schon genau, ob Gott jetzt die Krankheit wegnehmen will? Was die besondere Gabe der Erkenntnis betrifft, so verweise ich auf das Buch von Philipp Madre, »Wort der Erkenntnis. Warum und Wie«.

Wenn einer im handauflegenden Gebet sagt, Gott mache jetzt den Kranken gesund, so weckt das natürlich entsprechend hohe Erwartungen. Werden diese nicht erfüllt, ist die Lage schlimmer als zuvor. Hingegen ist immer richtig, um Heilung zu bitten und Gott zu danken für sein Wirken, gleichgültig wie es ausgeht. Hier fällt mir aber auf, daß viele Beter unter Einschränkungen ihres Glaubens beten. »Herr, wenn du willst, heile ihn!« Oder: »Wenn es für mich gut ist, dann erfülle mir diesen Wunsch!« Oder: »Ich bitte dich lediglich um Heilung meiner Depressionen; das Rheuma will ich in Geduld ertragen, wenn du nur meine Depressionen nimmst.«

Solches Beten ist nicht authentisch, weil es Schranken setzt und Bedingungen ausdrückt, wo in Wirklichkeit ein Mangel an Glaube oder Angst vor Enttäuschung vorliegt. Gott weiß, ob es gut ist für uns oder nicht. Jesus forderte uns auf, »alles zu erbitten« (Mk 11,24) und nicht so zimperlich zu sein. Der kanadische Pater Emiliano Tardif schreibt in seinem Buch »Jesus lebt«: »Man muß um das ganze Paket bitten, ohne dem Wirken Gottes Schranken zu setzen. Er ist großzügig und gibt in Fülle.« Und weiter: »Ein Kind sagt niemals zu seiner Mutter: ›Mutter, wenn es für mich gut ist und mein Cholesterinspiegel nicht überhöht wird, dann gib mir bitte ein Ei!‹«

Das Gebet Jesu am Ölberg, wo er dieses »wenn es möglich ist« voranstellt, ist kein Beleg für die Richtigkeit unseres bedingungsvollen Gebetes. Hier ging es nicht um Heilung, nicht um Zuwendungen für sein persönliches Leben, sondern um den Erlösungsplan des Vaters, in dem die Opferung des Sohnes vorgesehen war. Nur hier spricht Jesus dieses »wie du willst« aus, nirgends sonst. Bei seinen Gebeten um Heilungen der Menschen fällt sogar auf, daß er sich manchmal im voraus für die Erhörung bedankt (z. B. Joh 11,41).

Indem der Therapeut das Anliegen seines Patienten im Gebet übernimmt und Gott laut vorträgt, vermittelt er zugleich eine Form des Betens. Natürlich sollte sich diese Hinwendung zu Gott nicht allein auf das Bitten beschränken; wir wollen ja nicht nur den Trost Gottes suchen, sondern auch den Gott allen Trostes. Es ist immer richtig, sich mit Dank und Lobpreis an Gott zu wenden. Wer dankbar ist, rückt weg von sich selbst; er macht Gott zum Mittelpunkt seines Lebens, nicht sich selbst. Es empfiehlt sich also, stets mit einem Lobpreis zu beginnen und der anschließenden Bitte den Dank folgen zu lassen. Diese Dreiteilung ist zugleich eine Orientierungshilfe für den Beter. Hier das Gebet für einen jungen Mann, der auf Grund seiner geringen Körpergröße in der Schule gehänselt wurde und mit 28 Jahren immer noch Komplexe hatte:

»Vater im Himmel, ich möchte dich preisen für deine Liebe, die mich so annimmt, wie ich bin. Du weißt um meine Ängste und Sorgen und hast ein offenes Ohr für meine Anliegen. Ich danke dir für all die Fähigkeiten, die du mir geschenkt hast: dafür, daß ich mit meinem Geigenspiel Menschen erfreuen kann; daß ich die Gabe habe, gut zuhören und auf Menschen eingehen zu können. Laß mich begreifen, daß es auf Äußerlichkeiten nicht ankommt, sondern auf die Ausstrahlung innerer Werte. Ich bin auf dem Weg, Herr, ich arbeite an mir und erbitte von dir die Gabe der Selbstannahme und Freude. Ich vergebe all den Menschen, die mir durch ihre Hänseleien Leid zugefügt haben; vielleicht wollten sie dadurch von ihren eigenen Problemen und Ängsten ablenken. Schenke mir die Fähigkeit, auf das zu achten, was wesentlich und gut für mich ist! Laß mich den Menschen und dir Freude bereiten! Danke, daß du mir zugehört hast! Danke, daß du mich nicht im Stich läßt. Amen.«

Menschen in heilenden Berufen, die das Gebet in den therapeutischen Prozeß mit einbeziehen, werden in Zukunft mehr und mehr gefragt sein. Vorausgesetzt ist, daß ihr eigenes geistliches Leben authentisch ist und das Gebet nicht zur Methode erstarrt. Außerdem führt ein bewußtes biblisch orientiertes Leben notwendigerweise zur Einsicht, daß wirksame und tiefgreifende Hilfe ohne lebendigen Bezug zu Gott nicht möglich ist. Es darf nicht darum gehen, kranke Menschen mit religiösen Fragen zu bombardieren oder zu vereinnahmen. Die jeweilige Weltanschauung des Klienten ist zu respektieren.

Die Ausklammerung jeglicher religiösen Sinnfrage und Lebensdeutung kann allerdings – je nach Diagnose – zu einer amputierten Therapie führen, d. h. mit einem unbefriedigenden Ergebnis für beide Seiten.

Authentisches Beten ist letztlich die totale Hingabe an Gott, das blinde Vertrauen in seinen Willen. Das kann Angst machen, da der Mensch immer meint, Gott würde ihn überfordern und ihm das »Leben in Fülle« nicht gönnen. Doch ist tatsächlich nur der heil, der sich in die Führung Gottes gibt. Er kennt dann nicht mehr die vielen kleinen Sorgen um Absicherung, Erfolg und Glück. Doch wer ist je so weit gereift? Die lebenslangen Bemühungen mancher Menschen auf diesem Weg sind immer mit Schmerz verbunden, mit Rückschlägen und Momenten der Resignation. Therapie ist auch in der Wurzel ihres Wortes »Anbetung«, das Loslassen der persönlichen Wünsche, Sorgen und Sünden.

# ZIELE DER CHRISTLICHEN PSYCHOTHERAPIE

Es ist zweifellos Ziel einer jeden medizinischen Behandlung, Krankheiten zu erkennen und zu beseitigen. Die psychologische oder psychosomatische Behandlung geht darüber hinaus, indem sie die möglichen seelischen Ursachen der Erkrankung untersucht und mit Hilfe psychologischer Methoden zu heilen versucht. Dabei ist es nicht immer vermeidbar, auch auf die weltanschaulichen Deutungskonzepte des Patienten einzugehen und diese auf ihre krankmachenden bzw. heilenden Faktoren hin zu überprüfen. Das will insbesondere die transpersonale Psychologie, die das Unsichtbare, Parapsychische und jenseits der Person Liegende zur eigentlichen Wirklichkeit erklärt.

Um jene Wirklichkeit zu erkennen und als befreiend zu erfahren, bedient sie sich esoterischer, mystischer und okkulter Praktiken, gerät somit in Widerspruch zur christlichen Lehre.

Die christliche Psychotherapie orientiert sich an der Bibel, wobei sie nicht einem angstmachenden Fundamentalismus verfällt, der in jeder alternativen Heilmethode dämonische Gefahren wittert; sondern sie will hinführen zu einem befreienden, erlösten Menschenbild, in verantwortlicher Weise weltoffen und von Gott begabt.

Sie ist keine »Methode«, die neben dem fachlichen Können das Gebet zum heilenden Automatismus erhebt. Sie will vielmehr dem Kranken helfen, die eigentliche Wurzel seines Krankseins im verzerrten Gottes- und Glaubensbild zu erkennen, in seinem tiefen Mißtrauen Gott gegenüber, in seinen verzweifelten Verdammungsängsten, in seiner Leistungsfrömmigkeit oder auch im Fehlen jeglicher vertrauensvollen religiösen Rückbindung, in seinem Hang zur Unverbindlichkeit.

Die augenblicklich deutlich zu beobachtenden religiösen Sehnsüchte, die zunehmenden esoterischen, pseudomystischen und parapsychologischen Praktiken, der Hang zum Okkulten und der geistliche, oft geistlose Wildwuchs weisen auf die tatsächlichen Nöte des Menschen hin: Er sucht seinen Gott, er sucht seine religiöse Bestimmung, seinen geistlichen »Sitz im Leben.« So sehe ich vornehmlich drei Ziele der christlichen Psychotherapie:

## 1. Der Mensch soll lernen, sich anzunehmen, weil auch Gott ihn liebt

Die Selbstablehnung ist bei vielen Patienten symptomatisch. Sie fühlen sich minderwertig, schuldbeladen, schwach; sie wollen von Gott nichts wissen oder glauben sich von ihm abgelehnt und verworfen. Das Schuldbewußtsein blockiert sogar ihr Beten; denn sie meinen, Gott könne die Bitten eines chronischen Sünders nicht erhören. Diese negative Denkweise hat bei vielen zur Folge, daß sie zu sich selbst nicht gut sind und daß sie von Gott nichts Gutes mehr erwarten. Es kommt dann manchmal zu unbewußten Selbstbestrafungen und masochistischen Frömmigkeitsäußerungen.

Ihnen muß deutlich gemacht werden, daß gerade sie als Sünder von Gott gesucht und geliebt sind, von ihm in Dienst genommen werden möchten. Sie können und sollen Gott um alles bitten, was ihnen am Herzen liegt. Er ist zu den Sündern gekommen, nicht zu den Gerechten.

Es ist ja sozusagen der Beruf des liebenden Gottes, zu verzeihen. Wer einmal begriffen hat, wie maßlos die Liebe Gottes ist, hört auf, sich dauernd schlecht zu machen und als Folge davon depressiv oder aber hochmütig zu werden. »Wer sich selbst nichts Gutes tut, ist anderen eine Last«, stellt Jesus Sirach in seinem 14. Kapitel fest.

Indem der Therapeut nun diese verzerrte Sicht beim Patienten aufdeckt und korrigiert, indem er ihn annimmt ohne moralisierende oder missionierende Untertöne und indem er in seinen Gebeten diesen Gott der verzeihenden Liebe durchscheinen läßt, vermag er allmählich den Weg freizumachen. Ein Christ macht sich nicht schlecht, versteckt seine Gaben nicht, sucht nicht danach, bestraft zu werden. Er darf sich der Gnade Gottes gewiß sein; diese Gnade ist um so größer, je tiefer er in der Schuld steckt.

## 2. Der Mensch soll lernen, sich schrittweise Gott hinzugeben

Es ist bei manchen Christen eine Übertreibung des Guten festzustellen: Sie wollen alles richtig machen, ihr Leben sofort und total Gott ausliefern, in eigener Regie den Weg zur Vollkommenheit gehen. Natürlich meiden sie Auseinandersetzungen, schlukken Gefühle hinunter und rutschen so in eine krampfhafte Verbissenheit, die alles andere als vorbildlich ist. Am Ende kann dann die Resignation folgen. Sie haben kaum etwas zum Lachen, sind unsicher und verängstigt, mißtrauisch dem Weltlichen gegenüber. Ihnen muß gesagt werden, daß Heiligkeit nicht aus eigenem Verdienst »gemacht« werden kann, sondern ein Geschenk Gottes ist für jeden, der sich langsam auf den Weg zu ihm macht. Ich sage: langsam. Denn wer zu rasch vorgeht, hundertprozentig sein will, wird bald stolpern. Und dann dauert es noch länger. Wer einen weiten Weg zu gehen hat, sollte langsam machen. Es ist völlig in Ordnung, wenn einer betet: »Herr, ich gebe dir mein Leben und will mich von dir leiten lassen. Aber ich brauche Zeit. Deshalb gebe ich dir erst einmal zwanzig Prozent meines Lebens. Über den Rest möchte ich selber verfügen. Ich möchte dir schrittweise auch die anderen achtzig Prozent anvertrauen...«

Gott hat Geduld. Er freut sich über jedes Prozent, das ich ihm anvertraue. Das Aufgeben der verbissenen Eigenregie, die Bemühung, aus eigener Kraft mich zu erlösen und zu heiligen, braucht manchmal ein ganzes Leben. Sich ihm übergeben bedeutet: Hellhörig werden für sein Wirken in meinem Alltag, mit ihm rechnen, im Gebet seine Meinung erfragen, sensibel werden für das, was er jetzt von mir will. Und tatsächlich: Wer sich so hörend auf Gott einstellt, sollte damit rechnen, daß er reich beschenkt wird. Ich glaube, sagen zu können, daß Gott vor allem die Gaben der Erkenntnis, der Prophetie, der Unterscheidung, der Heilung u. a. schenkt.

Der erlöste Christ hat keine Angst, etwas falsch zu machen. Und selbst wenn er schuldig geworden ist und bereut, ist ihm bereits verziehen. Er braucht nicht mehr rückwärts zu blicken und sich ewig Vorwürfe zu machen. Gott versteht seinen »Beruf«: Was er macht, tut er gründlich. Darum sollte auch der Mensch sich selbst vergeben können!

## 3. Der Mensch soll lernen, in den widrigen Umständen einen Sinn zu finden

Wie oft sitzt ein Patient vor mir, der krank geworden ist an den leidigen Umständen zu Hause oder am Arbeitsplatz. Er hadert mit sich und den Menschen, die nicht so sind wie er das wünscht. Wie glücklich wäre er doch, so sagt er, wenn die Umstände nur anders wären! Manche kommen aus der Trauer um den Verlust eines geliebten Menschen nicht mehr heraus, andere lassen sich stundenlang aus in Beschimpfungen über Verwandte, Kollegen und Nachbarn, wieder andere nehmen ihre Krankheit zum Anlaß, Gott den Rücken zu kehren, ihm Mangel an Liebe vorzuwerfen.

Der Therapeut ist hier besonders stark gefordert. Gemeinsam mit dem Patienten sollte er einen Lösungsweg finden, der Sinn gibt (althochdeutsch bedeutet Sinn: der Weg). Was hat Gott mit mir vor? Weshalb mutet er mir dieses Leid zu? Wo sehe ich Chancen für meine persönliche Reifung? Was muß ich tun, um mich vor Selbstmitleid und Selbstzerstörung zu bewahren?

Es gibt bei Gott nichts Sinnloses. Oft nötigen mich die Umstände, meine falsche Einstellung zu ändern. Es geht auch nicht darum, die Mitmenschen immer anders haben zu wollen, als sie gerade sind. Denn ich muß selber auch kein anderer werden, um von Gott geliebt zu sein. Das Leid läßt sich nicht erklären, aber durch Umdeutung erträglicher machen. Und das Christentum bietet unterschiedliche Deutungen an: Leid als Prüfung, als Chance zur Reifung, als Aufruf, sich Gott vorbehaltlos hinzugeben, als Möglichkeit, für andere Vorbild zu sein, schließlich als persönliche Berufung zum stellvertretenden Leiden, um so mitzuhelfen, die Pläne Gottes durchzusetzen.

Gott braucht jeden von uns. Er ist angewiesen auf unsere Mithilfe, auf unser Gebet. Hier wird erstmals das Kreuz spürbar, von dem Jesus wiederholt spricht: »Wer mir nachfolgen will, nehme sein Kreuz auf sich« (Mt 16,24). Das Kreuz schmeckt nicht. Es paßt vielen nicht in ihren Kram, so daß sie mit Selbsterlösungsstrategien versuchen, diesem »Stein des Anstoßes« aus dem Weg zu gehen. Doch bis heute hat sich noch keiner aus eigener Kraft dem Leid entziehen können.

Hier stößt auch der Therapeut an seine Grenzen. Leid kann manchmal so unermeßlich sein, daß Worte lieber nicht ausgesprochen werden. Hier bleiben stilles Mitleiden und Beten. Ich gebe zu, daß mich solche Menschen belasten; ihnen das Gebet zu versprechen, ist leichter, als sie weiterhin in die Praxis zu bestellen; denn sie weisen mich an die Grenzen meiner Fähigkeiten. Hier bin ich selbst aufgefordert, mich Gott auszuliefern und dem Glaubenstest: Um was soll ich beten? Wird er das Gebet erhören? Macht er wahr, was ich insgeheim erhoffe und doch so oft bezweifle: »Wahrlich, wahrlich, ich sage euch, wer an mich glaubt, der wird die Werke auch tun, die ich tue, und wird größere als diese tun...!« (Joh 14,12)

Der christliche Therapeut weiß sich selber von Gott gerufen und in Dienst genommen. Er wird sich daher niemals zum Guru, zum Halbgott erheben. Er versteht sich als Mitarbeiter Gottes, der beauftragt ist, den Menschen hinzuführen zur Bejahung seiner Person, seiner Gaben und Grenzen, seines Schöpfers. Dazu ist neben dem fachlichen Können und einem reichhaltigen therapeutischen Repertoire das Gebet sein wichtigstes »Instrument«.


Heribert Mühle

## GEBET UM HEILUNG
## DER ERINNERUNGEN UND ERWARTUNGEN
## UND UM VERGEBUNG

Das folgende Gebet ist Bestandteil eines »Katechumenates für Getaufte«. Die Grundlagen dazu finden sich in »Erneuerung aus dem Geist Gottes« Nr. 96 ff., 111-117, 178-182 (hrsg. v. F. Kuntner, J. Stimpfle, O. Wüst, Mainz 1987). Zur Vorbereitung werden folgende Anregungen gegeben:

1. Bete den Psalm 139: Gott kennt Dich und Deine Lebensgeschichte besser als Du selbst. Er umschließt Dich von allen Seiten und legt in heilendem Erbarmen seine Hand auf Dich (V.5). Tritt vor ihn hin in erwartendem Vertrauen.

2. Im Gebet um innere Heilung geht es nicht um Deine *persönliche* Schuld, die Du in der Beichte vor Gott aussprichst, sondern

um Verletzungen und Verwundungen, die Du durch *andere* erlitten hast. Von besonderem Gewicht sind die menschlichen Ur-Beziehungen: zu Vater und Mutter, Bruder und Schwester, zwischen Ehemann und Ehefrau, zu Tochter und Sohn. Aus ihnen erwachsen die weiteren Beziehungen (zwischen Lehrer und Schüler, im Berufsleben und in der Gesellschaft). Häufig gehen Verletzungen und Verwundungen nicht auf eine bewußte Schuld der Bezugspersonen zurück, sondern auf ihre unbewußten Antriebe und Grundhaltungen (die meistens wiederum von anderen übernommen sind).

3. Jeder Mensch ist umgeben von der »Sünde der Welt« (Joh 1,29), so daß niemand in einer völlig heilen und ungestörten Beziehung zu anderen, zu sich selbst und zu Gott lebt. (Viele körperliche und seelische Erkrankungen gehen auf Beziehungsstörungen zurück.) Unangenehme, schmerzliche Erfahrungen werden jedoch in der Regel in das Unbewußte verdrängt. Sie bestimmen das gesamte Verhalten, dringen aber nie oder nur hin und wieder mehr oder weniger deutlich in das Bewußtsein ein. Notiere Dir deshalb alle Erinnerungen und Erwartungen, die Angst, Zorn, Wut, Groll, Schmerz auslösen, sobald sie in Dir aufsteigen.

4. Heilung und Vergebung gehören eng zusammen (vgl. Mt 18,21f.). Bitte bei der Vorbereitung auf das Gebet um innere Heilung Gott um die Gnade, den Menschen, die Dich verletzt oder verwundet haben, von Herzen vergeben zu können. Es geht nicht darum, sie zu »verurteilen«. Denke an sie in tiefer Vergebungsbereitschaft. Solange Du nicht wirklich vergeben hast (vergeben ist mehr als »vergessen«), bleiben Erinnerungen negativ besetzt.

5. Das Gebet um innere Heilung kann allein, in Anwesenheit vertrauter Menschen oder auch im Zusammenhang mit der persönlichen Beichte gesprochen werden. Scheue Dich nicht, dabei auch alle *Einzelheiten und Umstände* zu nennen, die Dich in besonderer Weise belasten. Der Heilige Geist befähigt Dich dazu, Dich der Liebe Gottes *vorbehaltlos* zu öffnen, und bewahrt Dich davor, nochmals etwas zu verdrängen.

6. Heilung ist in der Regel ein längerer menschlicher und geistlicher Reifungsprozeß. Er hat dann begonnen, wenn die negativen Gefühle nachlassen, die mit Bezugspersonen oder Erwartun-

gen verbunden sind. Das Gebet um innere Heilung sollte deshalb von Zeit zu Zeit wiederholt werden. Laß Dich vom Geist Gottes einüben in ein Leben aus der Vergebung: *Sobald* Du Dich von einem Menschen verletzt fühlst oder Groll, Zorn, Wut gegen ihn in Dir aufsteigen, bitte Gott um Heilung und sprich vor ihm aus: »Ich vergebe dir!«

7. Das Gebet um innere Heilung ist kein Ersatz für eine u. U. notwendig werdende Psychotherapie. Wenn bei der Vorbereitung auf das Gebet um innere Heilung oder während dieses Gebetes Erinnerungen und Erwartungen in Dir aufsteigen, die Dich sehr bedrängen oder überwältigen, dann vertraue Dich einem erfahrenen Menschen oder einem Psychotherapeuten an, dessen Grundhaltung die Ehrfurcht vor Deinem persönlichen Verhältnis zu Gott ist.

Die folgende Vorlage ist gedacht für die Teilnehmer an einem Glaubensseminar. Sie versammeln sich nach der dritten Woche in einem gottesdienstlichen Raum. Für katholische Gruppen wird der Rahmen einer eucharistischen Andacht (Aussetzung) sehr empfohlen. Der Gottesdienst beginnt mit Liedern der Anbetung und des Lobpreises und der Bitte an Gott, er möge die Sprecherinnen und Sprecher ganz auf sich hinordnen. Nach jedem Abschnitt (1-5) sollte eine Stille von 3-5 Minuten gelassen werden, damit der einzelne die Impulse (sie haben Beispielcharakter) auf sich selbst und seine jeweilige Lebenssituation beziehen kann.

Im Anschluß an das Gebet sollte Gelegenheit gegeben werden, in kleinen Gruppen auch persönlich um innere Heilung zu beten. Dabei ist höchste Diskretion und Verschwiegenheit geboten. Die Anwesenden treten hinzu und beten für den einzelnen unter Handauflegung: »Das Auflegen oder Ausbreiten der Hände bei der Segnung von Personen bringt die Bitte um den Segen Gottes über sie und die *Mitteilung des Segens durch die Kirche* besonders stark zum Ausdruck« (Benediktionale 31; vgl. Erneuerung aus dem Geist Gottes, Nr. 140).

Der Leiter einer solchen Gruppe sollte darauf achten, daß nicht persönliche Schuld ausgesprochen wird, die Gegenstand der Beichte ist. Die Gelegenheit zur persönlichen Beichte sollte parallel zu den erwähnten Gruppen oder im Zusammenhang mit einer gesonderten Bußfeier gegeben werden.

## 1. Bitte um den Heiligen Geist

*Sprecher 1:* Mein Herr und mein Gott, mein Ursprung und mein Ziel! Du bist der Herr der Geschichte und auch der Herr über die Geschichte meines Lebens. Ich bitte dich jetzt um deinen Heiligen Geist, damit ich mit seiner Kraft zurückgehe in die Geschichte meines Lebens und auch meine Erwartungen in sein heilendes Licht stelle. Ich danke dir für die Gabe des Gedächtnisses und bitte dich: Wecke die Erinnerung an Ereignisse in meinem Leben, die mich dir entfremdet haben, die ich dir im geheimen zum Vorwurf mache oder die ich verdrängt habe. Ich möchte jetzt meine Tiefen öffnen für dein Erbarmen. Ich möchte aus der Fremde heimkehren zu dir und deine Nähe neu als Geschenk annehmen. Nimm mich in deine Arme und nimm mir alles Mißtrauen gegen dich.

Du bist so groß, daß du mir erlaubst, dir zu vergeben, daß du vieles zugelassen hast, was ich nicht verstehe und nie verstehen werde. Du machst die Geschichte meines Lebens nicht rückgängig, aber du hast im Leiden deines Sohnes meinen Schmerz zu deinem Schmerz gemacht. Versöhne mich durch deinen Heiligen Geist mit dir, mit den Menschen, die mich verletzt und verwundet haben, und mit mir selbst.

*Sprecherin 1:* Mein Herr und mein Gott, du weißt, wieviel Angst, Zorn, Wut und Überheblichkeit in mir angestaut sind. Gib mir jetzt die Kraft, diese Gefühle vor dir zuzulassen, damit du sie heilen und verwandeln kannst. Ich möchte jetzt von Herzen jedem vergeben, der sie in mir hervorgerufen hat.

Ich weiß, daß du mein Glück und meine Gesundheit mehr wünschst, als ich sie für mich selbst erstreben kann. Ich bitte dich, dringe jetzt ein in die Bereiche meines Lebens und in die Tiefen meiner Seele, die noch nicht von deiner Vergebungskraft erfüllt sind. Ich widersage der dreifachen Versuchung

● ohne dich meine Gefühlswelt in Ordnung bringen zu wollen
● meine negativen Gefühle auf andere zu übertragen und sie in ihnen zu bekämpfen
● mich vor mir selbst und anderen zu rechtfertigen und nach Gründen zu suchen, ihnen nicht vergeben zu müssen.

Stille

## 2. Zeugung – Geburt – Kindheit

*Sprecher 2:* Mein Herr und mein Gott, ich bitte dich, nimm jetzt die *ersten Monate* meines Lebens zurück in dein Erbarmen. Dir allein verdanke ich mein Dasein, und ich danke dir auch dafür, daß ich es jetzt, in diesem Augenblick, an dich zurückgeben darf in der Freiheit jenes Vertrauens, das du selbst mir schenkst. Ich habe mich nicht selbst gewollt, geplant, entworfen, aber ich weiß, daß ich nicht ein Zufall bin, sondern schon vor Erschaffung der Welt in deiner Liebe geborgen war.

*Sprecherin 2:* Ich kann in meinen Erinnerungen nicht an den allererersten Anfang meines Daseins zurückgehen, aber »deine Augen sahen, wie ich entstand.« (Ps 139,16) Du warst mit deiner schöpferischen Kraft anwesend, als meine Eltern sich vereinigten und als ich dann im dunklen Schoß meiner Mutter wuchs. Als die beiden Zellen meiner Eltern sich vereinigten, hast du mir den Grundriß meines Charakters mitgegeben. Ich danke dir für die Befähigungen, die du mir gegeben hast, und bitte dich, laß mich auch meine schwachen Seiten erkennen. Du allein bist vollkommen und die Fülle des Guten. Ich möchte jetzt in deiner Kraft bewußt bejahen, daß ich als dein Geschöpf in meinen Fähigkeiten und Veranlagungen begrenzt bin. Du allein kannst das Starke und das Schwache in mir zusammenbringen und versöhnen, so daß ich immer mehr so werde, wie du mich in deinem ewigen Plan gewollt hast.

*Sprecher 1:* Du allein kennst alle guten und schlechten Einflüsse, die sich schon vor meiner Geburt in meine Tiefen eingesenkt haben. Berühre jetzt durch deinen Heiligen Geist die Schuld aller meiner Vorfahren, die sich seit Beginn meines Daseins auf mich übertragen hat. Berühre alles Negative, das mich von Anfang an belastet und mich daran hindert, ganz zu dir und zu mir zu finden.

Ich begreife nicht, warum es Leiden gibt, die schon mit der Zeugung beginnen, aber ich vertraue dir: Du hast mich und alle Menschen von Anfang an mit liebender Sorge begleitet. Dein Sohn hat alle meine Leiden, Enttäuschungen und Verzweiflungen auf sich genommen und durchlitten. Ich danke dir, daß du mich in der Kraft seines Leidens heilen wirst und daß du jetzt, in diesem Augenblick, damit beginnst.

*Sprecherin 1:* Mein Herr und mein Gott, ich bringe jetzt meine *Eltern* vor dich hin. Ich danke dir, daß du mir durch sie mein Leben gegeben hast. Ich bitte dich, gehe du selbst jetzt mit mir zurück in meine ersten Lebensjahre und laß mich auch Fehlentwicklungen erkennen, die eine Reaktion auf mangelnde oder übertriebene Zuwendung waren.

Ich danke dir, daß es Eltern gibt, die sich als deine Kinder wissen, sich gemeinsam mit ihren Kindern dir öffnen und versuchen, ihnen deine Liebe erfahrbar zu machen. Aber nur du allein kannst ganz selbstlos lieben. Ich vergebe meinen Eltern, daß sie mich nicht so geliebt haben, wie es deinem ursprünglichen Schöpfungsplan entsprochen hätte, denn auch sie waren geprägt von ihren eigenen Eltern und von ihrer Lebensgeschichte. Laß sie jetzt geborgen sein in deiner verzeihenden Liebe.

*Sprecher 2:* Mein Herr und mein Gott, ich weiß nichts mehr von meinem *ersten Lebensjahr.* Du warst anwesend, als ich durch die engen Geburtsgänge meiner Mutter herausgepreßt wurde in dieses Leben. Vielleicht treibt mich seit dieser Stunde die Angst, getrennt zu werden vom Ursprung des Lebens. Vielleicht hat mein damals noch unerwachter Geist in seiner Tiefe eine erste große Enttäuschung aufbewahrt. Ich vertraue deinem Wort, daß du, mein Gott, mich schon bei meiner Geburt in deine Arme genommen hast und immer da warst für mich »wie die Eltern, die den Säugling an ihre Wange heben«. (Hos 11,4)

*Sprecherin 2:* Du weißt, daß es mir schwerfällt, anderen zu vertrauen, obwohl ich es gerne möchte und ein Hunger nach Anerkennung und Geborgenheit mich treibt; daß ich keinen Mut habe, spontan zu sein, Gefühle zu äußern; daß ich Angst habe, ausgelacht und verletzt zu werden. Du weißt, ob ich in meinen ersten Lebensjahren mehr *mütterliche,* bergende Liebe gebraucht hätte. Präge ein in mein Herz dein Wort: »Kann denn eine Frau ihr Kindlein vergessen, eine Mutter ihren leiblichen Sohn? Und selbst wenn sie ihn vergessen würde: ich vergesse dich nicht.« (Jes 49,15) Sei du mir jetzt nahe mit deinem mütterlichen Erbarmen.

*Sprecher 1:* Ich vergebe meiner *Mutter* den Mangel an Wärme, Geborgenheit und Zuwendung. Ich vergebe ihr ihre Empfindlichkeit, ihren Ärger über mich, jede einzelne Strafe, die sie mir ungerecht auferlegt hat. Ich vergebe ihr, daß sie meinen Bruder, meine Schwester, vorgezogen hat, daß sie mir gesagt hat, ich sei dumm, widerwärtig, ungezogen, ich tauge nichts, sie habe sich unter ihrem Kind etwas anderes vorgestellt. Ich vergebe ihr, daß sie mich gezwungen hat, meine Aggressionen gegen sie zu unterdrücken. Ich vergebe ihr, daß ich jetzt immer noch eine Stimme in mir höre: du sollst, du mußt, du darfst nicht.

*Sprecher 2:* Ich vergebe meiner Mutter, daß sie mich in übergroßer Mutterliebe und Fürsorge nie in die Freiheit und Selbständigkeit entlassen, sondern versucht hat, mich ständig an sich zu binden, auch als ich erwachsen wurde. Ich vergebe ihr, daß sie mich verwöhnt hat, so daß ich heute übergroße Erwartungen an meine Umgebung stelle.

Ich vergebe ihr, daß sie zu meinem Vater kein gutes Verhältnis hatte und in mir ihr Gegenüber gesucht hat, so daß ich mich nie frei entfalten konnte, nicht ich selbst sein durfte. Ich vergebe ihr jede einzelne Verletzung, die sie mir zugefügt hat.

*Sprecherin 1:* Mein Herr und mein Gott, du weißt, daß ich mir nichts zutraue, daß ich Angst vor dem Leben habe, Angst, zu versagen, daß ich von dem Urteil anderer abhängig bin und ständig versuche, es ihnen recht zu machen. Du weißt, ob ich mehr *väterliche* Liebe gebraucht hätte, eine starke, treue Zuwendung, die mir Festigkeit gibt und die Kraft, mir selbst treu zu bleiben. Ich vertraue deinem Wort: »Wie ein Vater sich seiner Kinder erbarmt, so erbarmt sich der Herr über alle, die ihn fürchten.« (Ps 103,13) Sei du mir jetzt nahe mit deiner väterlichen Güte und Treue.

*Sprecher 2:* Ich vergebe meinem Vater, daß er nie Zeit für mich hatte, daß ich nur selten seine Liebe und Zuwendung spüren durfte. Ich vergebe ihm, daß er mich nur korrigiert, mir aber nicht geholfen hat, daß er übermäßige Leistungen von mir erwartete, ohne mich wirklich zu bejahen. Ich vergebe ihm, daß er mich in meiner Reifezeit nicht begleitet, mir nicht die unmittelbare Zuwendung geschenkt hat, die mir die Ablösung von der Mutter erleichtert hätte.

*Sprecherin 1:* Ich vergebe meinem Vater die Streitereien mit meiner Mutter, die mich erschreckt und verwundet haben. Ich vergebe ihm, daß er meine Mutter im Stich gelassen hat und kaum zu Hause war. Ich vergebe meinem Vater, daß ich zu dir, meinem Gott, lange Zeit nicht »Vater« sagen konnte.

*Sprecherin 2:* Mein Herr und mein Gott, du hast mich aus Liebe ins Dasein gerufen. Laß mich immer mehr erfahren, daß ich dein Kind bin, daß ich in meiner Einmaligkeit vor dir wichtig bin, daß du mich bejahst, so, wie ich geworden bin. Du hast mir in deinem Wort zugesagt, daß du mehr bist als Vater und Mutter, du väterlicher und mütterlicher Gott. »Wenn mich auch Vater und Mutter verlassen, der Herr nimmt mich auf.« (Ps 27,10 f.) Befreie mich von negativen Bindungen an meine Eltern und gib mir die innere Freiheit, Wut, Zorn, Groll und Haß, die ich verdrängt habe, vor dir, meinem Gott, zuzulassen: Du wirst alles Schritt für Schritt heilen und verwandeln. Ich bitte dich, beginne jetzt damit durch deinen Heiligen Geist, der meine Tiefen erforscht.

*Sprecher 1:* Ich bitte dich auch um Heilung aller Verletzungen, die ich aus dem Verhältnis zu meinen *Geschwistern* in mir trage. Ich vergebe meinen Eltern, daß sie meinen Bruder, meine Schwester, vorgezogen oder benachteiligt haben. Laß mich das Gute in meinen Geschwistern neu entdecken und laß mich jetzt an sie denken in tiefer Versöhnungsbereitschaft. Wenn wir uns beim nächsten Mal begegnen, dann sei deine vergebende Liebe zwischen uns. Gib uns das Vertrauen, daß dein Heiliger Geist unsere Beziehung ordnen und heilen wird. Bereinige alles, was zwischen uns steht.

*Sprecher 2:* Ich vergebe meinem *Bruder*, daß er mich seine Überlegenheit hat spüren lassen, daß er mich unterdrückt und geschlagen hat. Ich vergebe ihm, daß er es verstanden hat, das Interesse meiner Eltern auf sich zu lenken, weil er intelligenter und tüchtiger war als ich.

*Sprecherin 1:* Ich vergebe meiner Schwester, daß sie meiner Mutter gesagt hat, sie sei dumm und rückständig, sie verstehe nichts von der heutigen Jugend. Ich vergebe ihr, daß sie schlechten Umgang hatte und ständig Auseinandersetzungen in unserer Familie provoziert hat.

*Sprecherin 2:* Herr, unser Gott, laß uns Vater, Mutter, Bruder und Schwester um deinetwillen verlassen (vgl. Mk 10,29 f.), sie innerlich an dich zurückgeben, und mache sie neu zur Gabe an unsere Familie. Mache unter uns die Liebe und Gemeinschaft gegenwärtig, die du selbst bist.

Stille

*Sprecherin 1:* Mein Herr und mein Gott, ich möchte jetzt auch negative Erinnerungen vor dich bringen, die ich aus meiner Schulzeit in meiner Tiefe aufbewahrt habe. Du weißt, daß für mich damals schon die Last des Lebens begann. Ich wurde ungerecht behandelt, zurückgesetzt, selten gelobt. Ich begann, mich ängstlich in mich selbst zurückzuziehen. Du weißt, wie ich die Erwartungen und Forderungen meiner Lehrer und meiner Eltern als Zwang empfunden habe und wie bei jedem Versagen in mir das Gefühl wuchs, nichts zu taugen. Nimm mir den Drang, mich jetzt dafür zu rächen durch Rücksichtslosigkeit und Unterdrückung anderer.

*Sprecher 2:* Du hast mir reiche Begabungen geschenkt, so daß ich zu den Besten in der Klasse gehörte. Ich hatte meine ersten Erfolge, wurde selbstbewußt, bekam Freude daran, mächtig und stark zu sein. Damals wurden übergroße Lebenserwartungen in mir wach, an denen ich heute scheitere. Laß mich jetzt neu erkennen, daß meine Begabungen deine Gaben sind, die du mir zum Dienst an anderen gegeben hast. Mache mich demütig und laß mich das Lob anderer als dein Lob dankbar annehmen.

*Sprecherin 1:* Gib mir jetzt die Kraft, meinen Lehrern und Erziehern zu vergeben, die nicht die Befähigungen geweckt haben, die du mir gegeben hast, die mich ungerecht bestraft haben. Ich vergebe meinen Mitschülern und Mitschülerinnen, die mich auf dem Schulhof verlacht, wegen einer Eigenart verspottet, aus der Gruppe herausgedrängt haben.

*Sprecherin 2:* Mein Herr und mein Gott, ich möchte jetzt auch die Zeit meiner *Reifung* vor dich bringen. Du kennst mein Ringen um Selbstfindung. Ich war zum ersten Mal begeistert, fasziniert von anderen Menschen, aber ich wuchs auf in einer Gesellschaft, in der mein Herz nicht zu dir hin erwachen konnte. Heile mich von einem übertriebenen Streben nach Anerkennung, Macht, Besitz, Genuß, das damals in mir geweckt wurde. Du kennst die schmerzlichen Auseinandersetzungen mit meinen Eltern. Heile in mir die Erinnerung an Wut und Zorn, die in mir aufstiegen, als ich das Gefühl hatte, von meinen Eltern unterdrückt zu werden. Heile mich auch von jeder falschen Unterwürfigkeit und Bindung an sie.

*Sprecherin 1:* Mein Gott, du kennst die Geschichte meiner ersten Freundschaft, meiner ersten Liebe. Du hast mir die Sehnsucht nach einer verläßlichen, treuen Zuwendung ins Herz gegeben und wolltest, daß ich in der Begegnung mit dem Du auch näher zu dir, meinem Gott, finde. Du weißt um den ersten Schmerz über die Zurückweisung meiner Liebe, um meine ersten bewußt erfahrenen Enttäuschungen. Heile du die Wunden, die der erste Mißbrauch meines Vertrauens in mir zurückgelassen hat. Ich bitte dich auch um die Heilung erster sexueller Erfahrungen, die mich heute noch belasten. Laß mich meine Geschlechtlichkeit annehmen als Geschenk deiner schöpferischen Gnade.

*Sprecher 2:* Du weißt auch, welchen Umgang ich als Heranwachsender hatte. Du kennst die Clique, der ich mich angeschlossen, die Stars, die ich verehrt habe. Du kennst jede Disco, in der ich ein- und ausgegangen bin. Ich wollte leben, mich begeistern lassen, aber meine Erlebnisfähigkeit wurde nicht auf dich hingeordnet. Berühre jetzt durch deinen Heiligen Geist meine Tiefen. Decke alles auf, was mich seit meiner Jugendzeit von dir trennt. Laß mich durch alle Verwirrung hindurch dich neu als den Gott meines Lebens verehren und preisen.

*Sprecherin 2:* Ich vergebe jetzt auch dem Menschen, der mit schuld daran ist, daß die erste bewußte Erfahrung des Bösen in mir aufbrach. Ich vergebe dem Menschen, der mein Vertrauen mißbraucht hat, so daß ich auch dir gegenüber mißtrauisch geworden bin.

*Sprecher 1:* Ich möchte jetzt, mein Herr und mein Gott, auch mein Berufsleben vor dich bringen. Ich bin nicht so vorangekommen, wie ich es mir gewünscht hatte. Meine übertriebenen Erwartungen an beruflichen Aufstieg haben sich nicht erfüllt. Neid und Feindseligkeit bestimmen mein Handeln in einer erbarmungslosen Leistungsgesellschaft. Heile mich von dem bohrenden Zweifel an mir selbst und laß mich auf Aggressionen angemessen reagieren.

*Sprecher 2:* Ich bin stolz auf meine beruflichen Leistungen, und es macht mir nichts aus, daß mein Vorteil notwendig der Nachteil anderer ist. Heile mich von dem Antrieb zu rücksichtsloser Selbstdurchsetzung, heile mich von einem selbstbezogenen Sicherungsbedürfnis. Mache mich fähig, nicht nur für meinen privaten Nutzen zu arbeiten, sondern meinen Beruf als Dienst an anderen und an der Gesellschaft aufzufassen. Mache mich empfindsamer für das Unrecht, das anderen geschieht.

*Sprecher 1:* Ich vergebe allen, die mich an meinem beruflichen Fortkommen gehindert haben. Ich vergebe meinen Mitarbeitern und Kollegen, die mir mein Leben schwer machen, nicht mit mir zusammenarbeiten oder mir meine Stellung nehmen wollen, die verächtlich und negativ über mich reden. Ich vergebe ihnen allen Spott und alle Ironie, die mich verletzt haben. Ich vergebe auch meinen Vorgesetzten jedes harte und ungerechte Wort, jede Zurücksetzung.

*Sprecherin 1:* Heile auch die Verletzungen, die gesellschaftliche Gruppen sich gegenseitig zufügen. Heile die Erinnerungen an Unterdrückung und Unrecht in der Arbeitswelt. Deine Kirche hat häufig nicht auf der Seite der Armen und Entrechteten gestanden. Laß uns dazu beitragen, daß die notwendigen gesellschaftlichen Veränderungen nicht aus Haß angestrebt werden, sondern weil dein Heiliger Geist auch die gesellschaftlichen Beziehungen ordnen will.

Stille

## 4. Lebensstand

*Sprecher 2:* Mein Herr und mein Gott, laß uns jetzt auch den *Lebensstand* vor dich bringen, in dem jeder von uns lebt, und dabei auch stellvertretend um Heilung von Beziehungen beten, in denen wir selbst nicht leben.

*Sprecher 1:* Ich bitte dich um Heilung gestörter Erwartungen, die Jugendliche daran hindern, von dir das Glück lebenslanger Bindung zu erhoffen. Du hast es so eingerichtet, daß jeder Mensch nach einer verbindlichen, zuverlässigen, ausschließlichen und beständigen Beziehung verlangt. Du weißt, daß dieses tiefe Verlangen heute in vielen jungen Menschen keine Erfüllung findet. Heile sie von der falschen Vorstellung, daß Freiheit Bindungslosigkeit ist. Heile sie von dem Mißtrauen, das sie daran hindert, eine lebenslange eheliche Bindung für möglich zu halten. Schenke ihnen die Gnade, dir, dem Gott der Liebe, des Lebens und der Freude, persönlich zu begegnen, und wecke in ihnen die Erwartung, daß du selbst ihnen die Kraft der Treue schenken wirst, wenn die Gefühle füreinander nachlassen oder wenn es zu Krisen kommt.

*Sprecherin 1:* Ich bitte dich um Heilung für alle, die im *Ehestand* leben. Gib den Ehegatten den Blick deiner Liebe, so daß sie die Befähigungen des anderen dankbar anerkennen. Wecke in ihnen die Bereitschaft, einander anzunehmen, wie du sie im Grundriß ihrer Charaktere geschaffen hast und wie sie durch ihre Lebensgeschichte geworden sind.

Du allein bist das ganze Glück und die volle Erfüllung aller Sehnsucht. Heile, befreie, läutere ihre Beziehung durch das Charisma der Zärtlichkeit. Gib ihnen Geduld und mache sie immer mehr zur Gabe aneinander. Mache ihre leibliche Vereinigung zu einer heilenden Teilhabe an der Liebe und Gemeinschaft, die du selbst bist.

*Sprecher 2:* Mein Herr und mein Gott, du weißt, wie viele Ehen heute gestört und gefährdet sind. Gib den Ehegatten die Bereitschaft, gemeinsam zurückzugehen in die Geschichte ihrer Ehe, und heile ihre Beziehung in der Wurzel, von Anfang an. Nimm ihnen alle Hemmungen, die sie daran hindern, Enttäuschungen und Verletzungen, die sie einander zugefügt haben, mit allen Einzelheiten vor dir und voreinander auszusprechen.

Heile auch gestörte Beziehungen zu ihren Eltern, die ihre Ehe belasten, und heile unerfüllbare Erwartungen: Laß den Mann erkennen, daß seine Frau ihm nicht die eigene Mutter ersetzen kann; nimm der Frau das unbewußte Verlangen, in ihrem Mann den eigenen Vater zu suchen. Laß sie nichts voneinander erwarten, was sie nicht geben können.

Laß sie vertrauensvoll dich, den väterlichen und mütterlichen Gott, um Heilung ihrer Beziehung bitten und schenke ihnen die Kraft der Vergebung.

*Sprecherin 2:* Mein Herr und mein Gott, ich möchte jetzt meinem *Mann* vergeben den Mangel an Liebe, Zuwendung, Aufmerksamkeit, Hilfe. Ich nehme ihn vor deinem Angesicht an mit seinen Fehlern, Einseitigkeiten und Schwächen. Ich verzeihe ihm jedes Wort und jede Handlung, die mich verletzt oder verwirrt hat. Ich verzeihe ihm, daß er stundenlang am Fernsehen sitzt, aber keine Zeit für mich und die Kinder hat. Ich verzeihe ihm, daß sein Beruf ihm wichtiger ist als seine Familie.

*Sprecher 1:* Ich vergebe meiner *Frau*, daß sie mich mit vielen ärgerlichen Kleinigkeiten des Alltags überfällt, wenn ich müde von der Arbeit nach Hause komme, aber keinen Anteil nimmt an meinem Beruf. Ich vergebe ihr, daß sie Geborgenheit außerhalb unserer Familie sucht und Bekanntschaften mit anderen Männern unterhält. Ich vergebe ihr, daß sie zu unseren Nachbarn kein gutes Verhältnis hat.

*Sprecherin 1:* Ich vergebe auch meinen *Kindern,* daß sie mir nicht genügend Liebe, Aufmerksamkeit, Hilfe, Wärme und Respekt entgegenbringen. Ich vergebe ihnen, daß sie nicht mehr zur Kirche gehen, einen meiner Meinung nach schlechten Umgang oder schlechte Gewohnheiten haben. Ich vergebe ihnen jedes Wort und jede Handlung, die mich verletzt haben.

*Sprecherin 2:* Ich vergebe auch meinem *Schwiegersohn* jede Zurückweisung meiner Person: Worte, Handlungen oder Unterlassungen, die mir Schmerzen bereitet haben. Ich vergebe ihm, daß er mir meine Tochter genommen hat, daß er mein Kind nicht so liebt, wie ich es gerne sähe.

*Sprecher 1:* Herr, hilf mir, daß ich jetzt auch meinen übrigen *Verwandten* vergebe, meinem Großvater, meiner Großmutter, daß sie sich ständig in unsere Familie einmischen, daß sie Herrschaft ausüben wollen. Ich vergebe auch allen meinen Verwandten, die lieblos und überheblich über mich geredet haben.

*Sprecher 2:* Heile auch alle Verwundungen und Verletzungen, die *Kinder* durch das gestörte Verhältnis ihrer Eltern zueinander erlitten haben. Du weißt, wie viele Kinder nach der Scheidung ihrer Eltern lebenslange Schäden davontragen. Umgib sie mit deiner erbarmenden Liebe, berühre ihr Herz mit deiner väterlichen und mütterlichen Zuwendung.

*Sprecherin 2:* Mein Herr und mein Gott, ich bitte dich jetzt auch für alle, die *alleinstehend, verwitwet oder geschieden* sind. Vielleicht hatten sie andere Pläne mit sich, haben diesen Lebensstand nicht aus eigenem Entschluß gewählt, empfinden ihn als Zwang und Unterdrückung ihrer Entfaltungsmöglichkeit. Gib ihnen die Gewißheit, daß du sie bejahst, daß sie vor dir wertvoll und kostbar sind. Heile sie an der Wurzel ihres Daseins, dort, wo sie am meisten verwundet sind. Laß sie erkennen, daß du einen Plan mit ihnen hast und ihnen Aufgaben geben willst, daß du sie brauchst, um in deiner Kirche und in der Gesellschaft anwesend zu bleiben.

*Sprecherin 1:* (zur Auswahl ein folgendes Gebet): Mein Herr und mein Gott, ich bitte dich jetzt auch für alle, die im *Ordensstand* leben und vielleicht gerade dort Erfahrungen gemacht haben, die sie nicht zu dir hinführen. Viele sind in ihren Erwartungen an das Ordensleben enttäuscht worden und leben nun in einer schmerzlichen Isolierung. Schenke den Ordenschristen neu die befreiende Gemeinschaft im Geist und gib ihnen die Kraft, ihre Berufung von dir neu anzunehmen. Nimm ihnen jeden Zweifel, daß du sie in diesen Lebensstand gerufen hast, und heile gestörte Beziehungen zu Mitgliedern der Gemeinschaft und zu den Vorgesetzten.

*Sprecherin 1 oder ein Ordenschrist:* Mein Herr und mein Gott, du hast mich in den Ordensstand berufen. Du weißt, mit welcher Freude ich dir mein Jawort gegeben habe. Du weißt aber auch, daß meine Erwartungen an das Ordensleben enttäuscht worden sind. Laß mich zurückkehren zur Anfangserfahrung meiner Berufung und nimm mir jeden Zweifel, daß du mich in diesen Lebensstand gerufen hast. Gib mir die Kraft, meine Bindung an dich und an meine Ordensgemeinschaft neu zu leben. Heile besonders die Beziehung zu einem Ordensbruder (einer Ordensschwester), mit dem (mit der) ich nicht auskomme, dem (der) ich aus dem Weg gehe. Heile alle gestörten Beziehungen in unserer Gemeinschaft, damit wir neu zum Zeichen dafür werden, daß dein Reich in dieser Welt begonnen hat. Ich preise dich, daß du dies tun wirst, ich bete dich an!

Herr, ich vergebe jetzt von ganzem Herzen meinem Mitbruder (meiner Mitschwester) den Mangel an Zuwendung und Gemeinschaft. Ich vergebe ihm (ihr) jede Bemerkung, die mich gekränkt hat, jedes ungute Wort über mich in der Gemeinschaft. Ich vergebe auch meinen Oberen, daß sie keine Zeit für mich hatten, mich ungerecht behandelt und zurückgesetzt haben.

*Sprecher 1 oder ein Amtsträger:* Mein Herr und mein Gott, du hast mich zu den *Amtsträgern* in deiner Kirche berufen. Ich danke dir für die Freude an meinem Dienst, die du mir geschenkt hast. Du kennst aber auch meine Enttäuschung darüber, daß trotz meiner Mühe viele meine Gemeinde verlassen. Manchmal verfalle ich in tiefe Resignation und denke, meine Arbeit sei vergeblich. Du kennst auch meine Enttäuschung über Streit und Eifersucht unter Mitbrüdern, über Spaltungen und Feindschaften in der Gemeinde.

Heile diese Verwundungen durch die Gnade des Amtes (des Weihesakramentes) und laß mich deine Kirche so lieben, wie du sie liebst. Laß mich wissen, daß meine Gemeinde deine Gemeinde ist, und nimm mir alles übertriebene Vertrauen in meine eigenen Fähigkeiten, Strategien und Pläne. Gib mir die Kraft, mein Amt (die Gnade des Weihesakramentes und des ehelosen Lebens) neu von dir anzunehmen, und senke tief in mein Herz das Wort des Paulus: »Entfache die Gnade Gottes wieder, die in dir ist, seit ich dir die Hände aufgelegt habe. Denn Gott hat uns nicht einen Geist der Verzagtheit gegeben, sondern den Geist der Kraft, der Liebe und der Besonnenheit.« (2 Tim 1,6 ff.)

*Sprecher 2 oder Amtsträger 2:* Herr Jesus Christus, in der Kraft deines priesterlichen Opfers vergebe ich jetzt allen, die mir meinen Dienst erschweren. Ich bekenne vor dir, daß die Ablehnung meiner Person mich mehr schmerzt als die Zurückweisung meines Dienstes.

Ich vergebe meinen Mitbrüdern den Mangel an Beziehung und Hilfe, an geistlicher Gemeinschaft. Ich vergebe allen Gemeindegliedern, die mir zu erkennen gaben, daß sie meine Predigt, meine Art, den Gottesdienst zu feiern, langweilig finden. Ich vergebe meinen Vorgesetzten jeden Mangel an Verständnis, jede ungeistliche Machtausübung. Laß mich deine Kirche nicht lieben, weil sie perfekt wäre, sondern weil du sie liebst und dich für sie hingegeben hast.

*Sprecherin 1:* Und nun, mein Herr und mein Gott, bitte ich dich um die Gnade, jenem Menschen zu vergeben, der mich in meinem Leben am meisten verletzt hat, den ich als meinen größten Feind betrachte, dem zu vergeben mir sehr schwerfällt, dem ich gesagt habe, daß ich ihm nie vergeben könne. Gib mir die Kraft, dir dafür zu danken, daß du ihn geschaffen hast. Laß mich dich loben für seine guten Seiten und seine Befähigungen.

*Sprecher 1:* Laß mich nicht nur vergessen, was mich verletzt hat, sondern laß mich wirklich vergeben. Dringe jetzt durch deinen Heiligen Geist ein in meine Tiefen, in meine Dunkelheiten: »Wasche, was befleckt ist; heile, was verwundet ist; tränke, was dürre steht; beuge, was verhärtet ist; wärme, was erkaltet ist; lenke, was irregeht!«

Laß meine Vergebungsbereitschaft wachsen und vollende in mir, was du begonnen hast. Erlöse mich von dem Bösen und heile mich. Amen.

Stille

# 5. Kirche

*Sprecherin 2:* Mein Herr und mein Gott, du weißt auch, daß in mir das Gift der *Enttäuschung über deine Kirche* arbeitet: über Kraftlosigkeit, Streit und Eifersucht in ihr, über die Distanzierung vieler von der Gemeinde. Beseitige jetzt durch deine Vergebungskraft dieses Gift aus meinem Herzen und laß nicht zu, daß ein gestörtes Verhältnis zu deiner Kirche mich treibt, für ihre Erneuerung zu kämpfen. Mache mich durchlässig für deinen Heiligen Geist, der allein deine Kirche erneuern kann.

Ich vergebe jetzt allen, die in mir den Eindruck erweckt haben, deine Kirche sei nur ein Verwaltungsapparat, nur eine menschliche Organisation. Ich vergebe den kirchlichen Institutionen, daß sie mir Anlaß geben, mich dem kirchlichen Leben zu entfremden.

Ich vergebe auch meinem Pfarrer, daß er mich nicht genügend unterstützt, nicht freundlich zu mir ist, keine Zeit für mich hat, mir keine Aufgaben in der Gemeinde überträgt. Ich vergebe ihm, daß er den Gottesdienst nicht so feiert und nicht so predigt, wie ich es erwarte.

*Sprecherin 1:* Mein Herr und mein Gott, wir tragen jetzt auch vor dich den Schmerz, daß wir *in getrennten Kirchen* leben müssen. Nicht dein Heiliger Geist hat deine Kirche gespalten, sondern die Schuld der Menschen auf allen Seiten. Wir bitten dich jetzt: Heile die Erinnerungen an verletzende geschichtliche Ereignisse, die Aufspaltungen der Christenheit begleitet haben. Schenke uns die Kraft der Vergebung und nimm von uns die Erbschuld der Trennung. Entgifte die Treue zu der Kirche, in der wir getauft wurden.

*Sprecher 1:* Du kennst alle Einzelheiten, die im Gedächtnis der Kirchen haftengeblieben sind. Wir bringen vor dich hin, daß Papst Leo X. Martin Luther als einen »Eber aus dem Wald« bezeichnet hat, als ein »wildes Tier«, das deinen Weinberg verwüstet, daß er von »lügnerischen Lehrern« gesprochen hat, deren Zunge »voll von Gift des Todes« sei. Wir bringen vor dich hin, daß Luther vom Papst gesagt hat: »Der wahrhaftige Antichrist sitzt im Tempel Gottes.« Du hast mitangesehen, wie zum erstenmal öffentlich Schriften Luthers verbrannt wurden und wie Luther das kirchliche Gesetzbuch und die Androhung des

Papstes, ihn aus der Kirche auszuschließen, öffentlich ins Feuer geworfen hat. Du kennst alle Worte, Handlungen und Ereignisse, die seit dieser Zeit zwischen den Kirchen stehen. Du weißt um alle Vorurteile, Verwünschungen, Verurteilungen, um Haß, Groll, Feindseligkeiten und Verfolgungen durch die Jahrhunderte hindurch, um weitere Spaltungen.

*Sprecher 2:* Wir bitten dich jetzt: Heile die Geschichte deiner Kirche in der Wurzel, von Anfang an. Wir bringen vor dich das Bekenntnis von Papst Hadrian VI. aus dem Jahre 1522. Nimm es jetzt an in deinem heilenden Erbarmen: »Wir bekennen, daß Gott diese Verfolgung seiner Kirche geschehen läßt wegen der Menschen und besonders der Priester und Prälaten Sünden... Wir wissen, daß auch bei diesem Heiligen Stuhl schon seit vielen Jahren viel Verabscheuungswürdiges vorgekommen: Mißbräuche in geistlichen Dingen, Übertretungen der Gebote. So ist es nicht zu verwundern, daß die Krankheit sich vom Haupt auf die Glieder, von den Päpsten auf die Prälaten verpflanzt hat. Wir alle, Prälaten und Geistliche, sind vom rechten Weg abgewichen, und es gab schon lange keinen einzigen, der Gutes getan hat... Deshalb müssen wir alle Gott die Ehre geben und vor ihm uns demütigen.«

*Sprecherin 1:* Wir danken dir, daß du in unserem Jahrhundert die Ökumenische Bewegung geschenkt hast, und bringen vor dich alle gegenseitigen Bitten um Vergebung. Wir danken dir für die Erklärung Papst Pauls VI. zu Beginn der zweiten Session des Zweiten Vatikanischen Konzils (1963): »Wenn uns eine Schuld an dieser Trennung zuzuschreiben ist, dann bitten wir demütig Gott um Verzeihung und bitten auch die Brüder um Vergebung, wenn sie sich von uns verletzt fühlen.« Wir danken dir für die Erklärung des Lutherischen Weltbundes vom Jahre 1970, daß »das Urteil der Reformatoren über die römisch-katholische Kirche und Theologie ihrer Zeit oft nicht frei war von polemischen Verzerrungen, die zum Teil bis in die Gegenwart nachwirken. Wir bedauern aufrichtig, daß unsere römisch-katholischen Brüder durch solche polemischen Darstellungen gekränkt und mißverstanden worden sind.«

*Sprecherin 2:* Wir danken dir, daß Papst Paul VI. und der orthodoxe Patriarch Athenagoras I. 1965 gemeinsam erklärt haben,

— »daß sie die beleidigenden Worte, grundlosen Vorwürfe und verwerflichen Handlungen bedauern«, die die Trennung von römisch-katholischer und orthodoxer Kirche begleitet haben,

— »daß sie die gegenseitigen Bannsprüche, die auf sie gefolgt sind, bedauern und aus dem Gedächtnis und der Mitte der Kirche tilgen.«

*Sprecher 1:* Herr, unser Gott, wir danken dir, daß du trotz aller Sünden gegen die Einheit unterschiedliche geistliche Überlieferungen in den getrennten Kirchen lebendig erhalten hast. Schenke uns neu die Treue zu der Kirche, in der wir getauft wurden, und laß uns erkennen, welche Gnadengaben du in anderen Kirchen und kirchlichen Gemeinschaften geschenkt hast. Gib uns die Bereitschaft, uns von den Gaben der anderen Kirchen bereichern zu lassen. Du hast deiner Kirche die Fülle deiner Heilsgaben verheißen. Laß uns erkennen, daß wir diese Fülle nur in der Offenheit füreinander, die dein Heiliger Geist schenkt, erstreben und leben können. Wir danken dir auch für die Arbeit der Theologen und für die Erkenntnis, daß unterschiedliche Weisen des Christseins nicht zur Trennung führen müssen.

*Sprecher 2:* Herr, unser Gott, wir bringen jetzt auch vor dich die *konfessionsverschiedenen Ehen.* Du weißt, daß die Glaubensspaltung für viele dieser Ehen eine tiefe Verwundung ist. Wir bitten dich: Heile sie in der Kraft deiner Liebe, die niemals aufhört (1 Kor 13,8). Stärke in beiden Ehepartnern das Bewußtsein, daß sie durch die Taufe in deine Kirche eingegliedert und so über alle Spaltungen hinweg in Christus verbunden sind. Laß sie die Charismen entdecken, die du jedem zum Dienst am anderen gegeben hast. Schenke ihnen und ihren Kindern die Freude des gemeinsamen persönlichen Gebetes, zu dem jeder etwas beiträgt. Laß in ihrem gemeinsamen Leben auch die Wirkungen deines Geistes fruchtbar werden, die in den getrennten Kirchen jeweils besonders ausgeprägt sind: Liebe zu deinem Wort, zu deinen Sakramenten, Vertrauen auf dein Erbarmen… Laß die Treue eines jeden Ehegatten zu seiner Kirche zum Zeichen dafür werden, daß dein Heiliger Geist die Vielfalt seiner Gaben zur Einheit zusammenführen wird. Amen.

Stille

Jörg Müller

## GEBET UM INNERE HEILUNG

Herr Jesus Christus, du bist zu den Sündern gekommen, zu den
Kranken, zu den Armen und Leidenden. Du hast ihre seelischen
und körperlichen Verletzungen geheilt, Dämonen ausgetrieben,
Tote erweckt, Schuld vergeben. Oft war die innere Heilung Voraussetzung für die körperliche Gesundheit. Auch heute bist du
bereit, uns zu helfen, unsere inneren Verletzungen und Gebrechen
zu heilen. Stärke unser Vertrauen zu dir, die Liebe zu dir, die
Hoffnung auf ganze Heilung und das Wissen um die totale Vergebung.
Deine Liebe zu jedem von uns ist grenzenlos; doch tiefe Wunden,
von Menschen seit meinen Kindheitstagen zugefügt, haben meine
Liebe zu dir oft erschüttert, meinen Glauben auf die Probe gestellt,
meine Seele in große Bedrängnis gebracht.
So bringe ich dir jetzt mein ganzes Leben, die Zeit vor meiner
Geburt und die Geburtsstunde selber, mit all ihren Umständen,
mit den möglichen Verletzungen, die damals schon durch Ablehnung, Angst oder Krankheit meiner Mutter mir zugefügt
wurden.
Ich bringe dir meine ersten Lebensjahre, die vielleicht gekenn-
zeichnet waren von einem Mangel an Liebe, an Zuwendung und
Anerkennung. Vielleicht haben mich meine Eltern zu sehr gebunden, eifersüchtig behütet und verwöhnt, so daß ich unselbständig
wurde, ängstlich, gehemmt, und neidvoll auf meine Kameraden
schaute, aggressiv gegen meine Eltern und damaligen Vorgesetzten war.
Ich bringe dir meine Jugendzeit, meine Schul- und Lehrjahre.
Manchmal fühlte ich mich vernachlässigt und suchte verstärkt
nach Bewunderung, fühlte Neid und Selbstmitleid. Ich wollte
besser sein als die anderen, durch Leistung Liebe erkaufen, wurde
wieder und wieder enttäuscht und versank schließlich in depressive oder in aggressive Stimmung, in der ich mich selber ablehnte,
weil ich glaubte, weder lebens- noch liebenswert zu sein.
Ich denke an manche Personen in meiner Verwandtschaft, die
mich durch ihre dominante und erdrückende Art in meiner Entwicklung hemmten oder die sich kaum um mich kümmerten, weil

sie keine Zeit hatten. Es gab Augenblicke großer Verzweiflung und Ausweglosigkeit, in denen ich auch dir zürnte und mich treiben ließ.

Es kam die Zeit meiner geschlechtlichen Reifung, wo ich oft unerklärliche Ängste verspürte. Die Erwachsenen ließen mich im Stich, reagierten ablehnend. Ich suchte mich zu orientieren in beruflicher, partnerschaftlicher und charakterlicher Hinsicht und fühlte mich oft alleingelassen von meinen Vorgesetzten, von meinen Kameraden. Immer wollten sie mich anders haben, als ich gerade war. Das weckte in mir eine ohnmächtige Wut, eine tiefe Angst, eine große Unsicherheit.

Es gab Zeiten gefährlicher Abhängigkeiten von Personen, von Dingen oder von attraktiven Irrlehren. Dann kamen wieder Momente frommer Bemühungen, deine Liebe zu gewinnen. Geistliche Verbitterung und Flucht in weltliche Geschäftigkeit waren ebenso da wie religiöser Leistungsdrang und die Bemühung, die erlittenen Demütigungen zu vergeben.

Ich bringe dir die Jahre meines Berufslebens, meiner Ehe oder meines Alleinseins mit den wirklichen oder vermeintlichen Angriffen meiner Mitmenschen. Ich empfinde Groll, wenn ich daran denke, wie man mir einen bestimmten Partner aufdrängen oder ausreden wollte, meine beruflichen Pläne zu durchkreuzen suchte, weil man es immer so gut mit mir meinte. Herr, wie oft weinte ich über die Intoleranz meiner Erzieher! Du selbst hast mich sehr getroffen, weil ich trotz meiner vielen Bitten keinen Partner gefunden habe oder ihn durch Tod oder Scheidung verloren habe. Ich vergebe dir.

Ich bringe vor dich meine Familie, meine Kinder und meine Schwiegersöhne und -töchter. Auch mit ihnen lief nicht alles so, wie ich mir das wünschte. Da gab es manchen Ärger und manche Demütigungen, die wir uns gegenseitig zufügten. Oft fühlte ich mich nicht verstanden in meinen Anliegen und Handlungen, wurde angegriffen und schlechtgemacht. Ich bringe dir alle erlittenen Zurückweisungen und als Einmischung mißverstandene Bemühungen um sie. Vielleicht, Herr, war meine Fürsorglichkeit übertrieben; vielleicht schmerzte mich mein zunehmendes Alter und das Gefühl, nicht mehr gebraucht zu werden.

Ich bringe dir mein gegenwärtiges Leben und die Jahre, die noch vor mir liegen. Manchmal spüre ich Angst vor dem, was noch kommt. Wenn ich so zurückschaue auf mein Leben, überkommt mich das Gefühl von Trauer. Gewiß, Herr, es gab auch schöne Zeiten, liebevolle Begegnungen. Ich lege dir alles in deine Hand, vornehmlich aber jene Menschen, die mich bewußt oder unbewußt verwundet haben: Verwandte, Freunde, Kollegen, Untergebene, Vorgesetzte, Nachbarn, Vertreter von Kirche und Staat. Ich vergebe allen. Ich vergebe auch mir selbst. Und dir, Herr, daß du mir die Wunden zugemutet hast. Heute weiß ich, daß du nur aus Liebe handeln kannst, daß der Mensch nur in der Annahme seines Schmerzes reifen kann.

Und nun, Herr, heile mich, heile alle noch offenen Wunden und schmerzlichen Erinnerungen! Heile auch die Wunden, die ich meinen Mitmenschen geschlagen habe. Du allein kennst mich, weißt um die Motive meiner Handlungen, um die Quellen meiner Gefühle. Du bist mein Freund und hast auf diesen Tag schon immer gewartet. Jetzt übergebe ich dir alles, was mich bewegt und was mich gehindert hat, ganz dir zu gehören. Ich danke dir, Vater, daß du mich in Liebe geschaffen hast. Ich danke dir, Jesus, daß du mich in Liebe erlöst hast. Und ich danke dir, Heiliger Geist, daß du mich in Liebe heilen und heiligen willst. Amen.


Hans Buob

## ERWEITERTE TAUFERNEUERUNG

Hier in dieser eucharistischen Gegenwart bist du unter uns gegenwärtig in einem Vertrauen, das wir Menschen nicht begreifen. Hier hast du dich ausgeliefert in für uns greifbare, faßbare Gestalten in Brot und Wein. Du hast dich ausgeliefert in unsere Hände, so traust du uns, und du ziehst dich nicht zurück, wenn wir dich sogar in unser Herz hineinnehmen, das oft so unrein ist. Herr, so bist du jetzt unter uns in dieser Gegenwart des Urvertrauens, dieses ganz Ausgeliefertseins, dieser Liebe bis zum Extrem. Herr, wir wollen dir in der Anbetung ausdrücken, daß auch wir dir trauen. Wir wollen dir sagen, du bist alles, wir sind nichts aus uns selbst. Was wir sind, sind wir aus dir. Herr, schenke uns heute abend die wahre Anbetung, schenke uns diesen Mut zur Wahrheit über uns selbst. Daß wir aufhören, uns zu schmücken, wo Schmutz ist. Du bist der Gott der Wahrheit. Du kennst unser Herz. Wir brauchen nichts zu verbergen. Herr, laß uns das auch in der Anbetung ausdrücken. Hier bin ich, du bist alles, ich bin nichts. Ich bin sogar minus, ich bin Sünde, und ich darf so vor dir sein, und du erwartest mich so.

Ich möchte Sie einladen, Brüder und Schwestern, daß wir vor dem Herrn, der hier in seiner Erniedrigung unter uns ist, in seiner Ausgeliefertheit an uns wie in der Osternacht, dem absagen, was uns hindert, vor ihm wahrhaftig zu sein, was uns hindert an wahrhaftiger Anbetung, in der ich ihn anerkenne als mein Alles und mich anerkenne als Geschöpf, das nicht aus sich, sondern aus ihm ist. Ich möchte Sie einmal einladen, wenn ich diese Frage wie in der Osternacht stelle, daß jeder, der möchte, einfach auch antwortet: »Ich widersage.« Denn wenn Gott Großes geben will, ist es wichtig, daß wir unser Herz ganz ehrlich so, wie es ist, öffnen. Vieles können wir nicht einfach willentlich weglegen, aber wir können ihm widersagen, so daß Gottes Geist selbst es immer mehr beseitigen kann. Ich muß es zugeben, Herr, ja, so bin ich, und ich widersage dem und gebe dir die Erlaubnis, in mein Leben einzutreten und es zu verändern.

Herr, ich bringe vor dich die Habgier unseres Herzens, ja sogar die Habgier nach dem Geistlichen, die Habgier, etwas Bestimmtes von dir zu erleben und nicht den Weg der Erniedrigung, der Armut und der Schlichtheit zu gehen und dir zu trauen, daß du im Unscheinbaren die größten Wunder tun kannst, in der schlichtesten, unauffälligsten Anbetung das Größte meines Lebens geschehen lassen kannst. Herr, diese Habgier hindert mich, mich dir zu öffnen, und hindert dich, mich zu beschenken. Öffne jetzt unser Herz.

Widersagt ihr all dieser Habgier? Wir widersagen.

Herr, unsere Herzen sind nicht nur voller Resignation über die Menschen, sondern auch voll Resignation im Blick auf dein Reich, ja sogar auf dich, ob du überhaupt noch zu uns durchdringst. Das hindert dich, Wunder durch uns zu tun.

Widersagt ihr all dieser Resignation? Wir widersagen.

Angst ist in unserem Herzen, Herr, uns auszuliefern, uns loszulassen, einfach vor dir arm zu sein, zu warten, bis deine Stunde kommt.

Widersagt ihr dieser Angst? Wir widersagen.

Wir finden in unserem Herzen Bequemlichkeit. Wir wollen stehenbleiben. Es genügt uns, was wir jetzt erreicht haben, auch vor dir. Wir wollen uns jetzt festmachen, es genügt uns.
Widersagt ihr dieser Bequemlichkeit? Wir widersagen.
Oft, Herr, hindert dich unsere Kritiksucht, die es besser wissen will: Kritik an deiner Kirche, an den Schwächen der Menschen, ja sogar Kritik an dir; es besser wissen wollen, wie man diese Welt lenkt und leitet. Herr, du hast ein für allemal alle Warum am Kreuz hinausgeschrien.
Widersagt ihr der Kritiksucht? Wir widersagen.
Gleichgültigkeit, Herr, und Lauheit hindern deinen Geist, sich uns in Fülle mitzuteilen. Wir gehen immer nur ein Stück mit, das berechenbar ist. Wenn es aber beginnt, mich etwas zu kosten, Herr, werde ich müde, habe ich alle Ausreden.
Widersagt ihr der Gleichgültigkeit und der Lauheit? Wir widersagen.
Das schlimmste Übel in unserem Herzen, Herr, ist der Stolz, der Stolz, der nicht bereit ist, jeden Platz anzunehmen, den du ihm zuweist, jede Gabe anzunehmen, die du ihm gibst für die anderen, der sich über dich stellt, der sich selbst zum Maß macht in seinem Urteil.
Widersagt ihr dem Stolz? Wir widersagen.
Herr, und oft sind wir gefesselt, eingebunden, und binden auch andere durch Unversöhnlichkeit, und wir begründen unsere Unversöhnlichkeit durch unsere Rechthaberei, unser Besserwissen. Es fehlt uns deine Demut.
Widersagt ihr der Unversöhnlichkeit? Wir widersagen.
Wir finden in unserem Herzen oft einfach Forderungen an dich und an die Menschen. Ein dauerndes ich will, gib mir, und damit gehen wir einen Weg nach unten. Ein Nichtverzichtenwollen auf Dinge, die uns das Bessere und das Größere verbauen.
Widersagt ihr egoistischen Forderungen? Wir widersagen.
Herr, du streckst uns deine Hand entgegen, aber du erwartest noch einen Schritt auf deine Hand zu. Wir verweigern dir oft diesen letzten Schritt, dieses letzte Wagnis, weil wir dir doch nicht ganz trauen.
Widersagt ihr diesem Mißtrauen? Wir widersagen.
Vielfach ist unser Verhältnis zu dir und untereinander verdorben durch Bitterkeit, durch Unversöhnlichkeit mit meiner eigenen

Lebensgeschichte, daß ich sogar meine eigenen Verletzungen festhalten will, um Begründungen gegen dich zu haben, warum ich so bin und nicht anders. Herr, laß mich zugeben, wer ich bin, laß mich ja sagen können zu mir selbst, zu meiner Lebensgeschichte. Ich darf wahrhaftig vor dir sein und dich anbeten und brauche nicht anders zu sein.

Widersagt ihr dieser Bitterkeit und dieser Unversöhnlichkeit? Wir widersagen.

Herr, oft opfere ich vielen Göttern. Ich merke oft gar nicht, daß ich andere Götter neben dir habe, daß ich selbst mich in Dinge einlasse, die nichts mit dir zu tun haben, die zur anderen Seite gehören, und ich vereinbare das alles noch mit dir, mit meinem religiösen Leben.

Widersagt ihr all diesen Göttern, die wir oft neben Gott haben? Wir widersagen.

Maßlosigkeit und Gier in unserem Erleben von Beziehungen hindern uns oft, zu dir zu kommen, Herr.

Widersagt ihr dieser Maßlosigkeit und dieser Gier? Wir widersagen.

Ja, Herr, wir gehen manchmal sogar so weit, daß wir anderen das Lebensrecht absprechen, den Menschen, die wir nicht leiden können, daß wir ihnen sogar den Tod wünschen, daß wir den Ungeborenen das Lebensrecht absprechen, ja, daß wir zweifeln, wenn wir es getan haben, ob Gott uns vergibt, daß wir dem anderen das Lebensrecht abgesprochen haben, daß wir das Kind getötet haben.

Widersagt ihr diesem Zweifel am Erbarmen Gottes? Wir widersagen.

Unser Herz ist oft erfüllt von Verzweiflung. Wir vertrauen nicht darauf, daß Gott unser Leben in der Hand hat. Wir wagen in manchen Situationen nicht mehr den Lobpreis und die Anbetung. Wir können manchmal nicht mehr sagen: Herr, ich habe nichts mehr an dir auszusetzen, auch wenn ich nichts verstehe, denn du bist die Liebe.

Widersagt ihr dieser Verzweiflung? Wir widersagen.

Herr, im Groll gegen die Menschen lassen wir oft die Menschen einfach stehen. Wir haben oder schließen einen falschen Frieden mit ihnen, gehen an ihnen vorüber und tun so, als ob alles versöhnt sei. Wir lassen sie stehen, wir gehen nicht auf sie zu.

Widersagt ihr diesem verborgenen Groll in eurem Herzen gegen die Menschen? Wir widersagen.

Manchmal, Herr, liebäugeln wir vielleicht sogar mit dem Tod, wenn wir nicht mehr hinaussehen. Ja, wir setzen vielleicht sogar dir eine Frist.

Widersagt ihr jeder Lebensverweigerung? Wir widersagen.

Herr, Minderwertigkeitsgefühle hindern uns oft, uns von dir gebrauchen zu lassen. Wir vertrauen nicht, daß du uns so, wie wir sind, gebrauchen willst.

Widersagt ihr jedem Gefühl der Minderwertigkeit? Wir widersagen.

Oft ist unser Herz von Aggressionen und Zorn erfüllt. Wir wollen unseren Kopf durchsetzen bei dir, unserem Gott. Wir wollen es besser wissen als du. Wir wollen dir aufzwingen, wie du uns oder anderen Menschen gegenüber handeln sollst. Wir sind nicht bereit nachzugeben, auch dort nicht, wo wir es schon einsehen.

Widersagt ihr dieser Aggression und diesem Stolz in eurem Herzen? Wir widersagen.

Herr, oft nehmen wir unseren Leib nicht ernst genug und damit deine Menschwerdung, dein Annehmen unseres ganzen Menschseins. Du willst durch uns als Menschen wirksam werden.

Widersagt ihr jeder Leibfeindlichkeit? Wir widersagen.

Herr, so treten wir vor dich und bitten dich, daß du uns jetzt in der Kraft des Geistes den Mut zur Wahrheit über uns selbst gibst, damit auch unsere Anbetung wahrhaftig wird. Du bist alles, und wir dürfen so sein, wie wir sind. Wir brauchen nichts zu verbergen und dürfen alles in der Anbetung vor dich bringen, denn du willst uns bereiten und verändern.

# LITERATUR

Becker, W. und Kristin: Füreinander begabt. Stuttgart 2. A. 1986

Beinert, Wolfgang: Hilft Glaube heilen? Düsseldorf 1985

Dam, Willem C. van: Seelsorge in der Kraft des Geistes. Metzingen 2. A. 1987

Dieterich, Michael: Psychotherapie – Seelsorge. Biblisch-therapeutische Seelsorge. Neuhausen – Stuttgart 1987

Drewermann, Eugen: Psychoanalyse und Moraltheologie, Band 1. Mainz 3. A. 1984

ders.: Tiefenpsychologie und Exegese, Band 2. Freiburg 1985

Görres, Albert: Kennt die Psychologie den Menschen? München 2. A. 1986

ders.: Kennt die Religion den Menschen? München 2. A. 1984

Gruen, Arno: Der Verrat am Selbst. München 3. A. 1986

Haendler, Otto: Tiefenpsychologie, Theologie und Seelsorge. Göttingen 1971

Hummel, Reinhart: Reinkarnation und christlicher Glaube. Vortrag in Dok. 1/1982 der AG österreichischer Seelsorgeämter, Wien

Madre, Philipp: Wort der Erkenntnis. Warum und Wie. Münsterschwarzach 1988

Marsch, Michael: Heilung durch Sakramente. Graz 1987

ders.: Was ihr den Geringsten getan habt. Zürich 1985

Materialdienst der Evangelischen Zentralstelle für Weltanschauungsfragen in Stuttgart, 8/1986, S. 220–230

Mühlen, Heribert: Gebet um Heilung der Erinnerungen und Erwartungen und um Vergebung, in: Erneuerung in Kirche und Gesellschaft, 36/1988

Müller, Jörg: Wege zum geistlichen Leben. Stuttgart 1988

Rahner, Karl: Von der Not und dem Segen des Gebetes. Freiburg 9. A. 1977

Rattner, Josef: Psychologie und Psychopathologie des Liebeslebens. Frankfurt 1981

Rohrbach, Hans: Die Faszination des Übersinnlichen. Wuppertal 1988

Spaemann, Heinrich: Das Prinzip Liebe. Freiburg 1986

Tardif, Emiliano und Flores, P. J.: Jesus lebt. Münsterschwarzach 1988

Tyrell, Bernard: Christotherapie. Graz 1987
Utters, Matthias: Die Liebe von gestern genügt heute nicht mehr.
Zahrnt, Heinz: Wie kann Gott das zulassen? Münster 1985
Zimmer, Dieter E.: Tiefenschwindel. Reinbek 1986

Eine Liste christlicher Kliniken kann beim Autor gegen frankierten Rückumschlag angefordert werden:

DR. JÖRG MÜLLER SAC
Pallottinerstr. 2
85317 FREISING

# Bücher von Jörg Müller im J. F. Steinkopf Verlag

## Lebensängste und Begegnung mit Gott
160 Seiten, kartoniert

Millionen Menschen schlucken täglich Abermillionen Pillen zur Minderung ihrer Ängste. Doch Tabletten vermögen ebenso wenig wie teure Analysen oder fragwürdige Meditationspraktiken den Menschen in der Tiefe seiner Seele zu heilen und die oft unerkannte Sehnsucht nach Gott zu erfüllen. Jörg Müller schildert hier die Entstehung hysterischer, depressiver, aggressiver, zwanghafter und ängstlicher Verhaltensformen und spricht aus religiöser und psychologischer Sicht über Hilfen und Voraussetzungen zur inneren Heilung. Nur eine vorbehaltlose Hinwendung zu Gott kann angstmachende Gottesbilder auflösen, Ängste verwandeln, Schuld vergeben und neue Lebensfreude entstehen lassen.

## Gott heilt auch dich
Seelische und körperliche Heilung durch einen lebendigen Glauben. 96 Seiten, kartoniert

Hier ist eine erfrischende und befreiende Information über die in den letzten Jahren sich ausbreitende charismatische Erneuerung. Damit sind evangelische und katholische Christen gemeint, die sich wieder auf die Gaben des Heiligen Geistes besinnen und sich von ihnen führen lassen. Auf der Grundlage von Erfahrungen aus Gebetsgruppen und Heilungszeugnissen berichtet Jörg Müller übersichtlich und anschaulich von den heilsamen Folgen eines lebendigen Glaubens- und Gebetslebens, bringt Beispiele aus eigener Praxiserfahrung und zeigt den Zusammenhang von körperlichen und seelischen Funktionen auf. Dieses Buch ist geschrieben für jeden, der geistige, körperliche und seelische Heilung sucht. Es bietet eine Psychotherapie an, die mit der Bibel im Einklang ist. Wer sein Gottesbild von magischen, verzerrten Vorstellungen befreien, wer sein bisheriges Glaubens- oder Gebetsleben zu einer tieferen und heilsamen Gotteserfahrung machen will, findet hier einen Weg.

# Wege zum geistlichen Leben
128 Seiten, kartoniert

Es gibt Leute, die Gott suchen und froh sind, wenn sie ihn nicht
finden, weil sie sonst ein kompromißloses und konsequentes Leben führen müßten. Wer ihn aber gefunden hat, weil er ehrlich
suchte, bekommt hier praktische Anregungen für eine lebendige,
christliche Lebensgestaltung. Darüber hinaus zeigt Jörg Müller
normale und krankhafte Formen religiösen Lebens auf und beschreibt die Folgen echter Spiritualität. Ein ermutigendes und
aufklärendes Buch für jeden Christen, auch für Gebetsgruppen,
mit vielen persönlichen Zeugnissen des Autors.

# Stell dein Licht auf den Leuchter
Verständnis und Mißverständnis christlicher Demut
96 Seiten, kartoniert

In anschaulicher Sprache stellt Jörg Müller echtes und falsches
Demutsverhalten einander gegenüber und deckt die Hintergründe von Selbstablehnung und Depression auf. Warum werden Bescheidenheit und Selbstlosigkeit mißverstanden? Was
meinte Jesus mit Selbstverleugnung? Demut meint: Mut haben
zu seinen Fähigkeiten, zu fairen Auseinandersetzungen. Wer sein
Leben auf Gott ausrichtet und die ihm zugemuteten Konflikte
und Erniedrigungen annimmt, lebt die Demut. Der Autor ruft zu
einer lebensbejahenden, befreienden Demut auf, die dem Vertrauen zu Gott entspringt und es dem Menschen ermöglicht, sich
im Dienst am Nächsten nicht zu verlieren, sondern zu finden.

# Ein Christ
Gereimte Ungereimtheiten eines Betroffenen

# Noch ein Christ
Andere Ungereimtheiten eines Betroffenen
Je 48 Seiten, 10 Karikaturen von Klaus G. Müller, kartoniert

Heitere Gedichtbändchen mit Illustrationen, die die Schwächen
des christlichen Alltags trefflich und pointiert aufs Korn nehmen. Gedichte im Eugen-Roth-Stil für Suchende, Verirrte, Ver-
wirrte, für jeden (Super-)Christen und für den, der keine Zeit
zum müßigen Lesen hat. Ideale Geschenke für Patienten, Pfarrer,
Nichtpfarrer, Über-, Nicht- und Nebenchristen, Sektierer und
Frischbekehrte. Für alle, die hintergründigen Humor lieben.

## Verrückt - ein Christ hat Humor
16 Kapitel gegen Mutlosigkeit
Mit Alexander Diensberg. 144 Seiten, kartoniert

Mit Humor betrachtet, bekommen viele Probleme andere Aspekte. Jörg Müller schildert Situationen im Leben: Streß, Zorn, Eifersucht, Ungeduld, Unzufriedenheit, aber auch Sorge, Angst, Trauer und Verlassenheit.

## Ich habe dich gerufen
Meine Erfahrungen mit Gott
120 Seiten, kartoniert

Spannend und anschaulich berichtet Jörg Müller von seinen Erfahrungen mit Gott, von seinen Wegen und Umwegen, seinen Glaubenskämpfen und Überraschungen, von seinem Versuch, aus der Gesellschaft auszusteigen. Er zeigt, wie Gott ihn durch Höhen und Tiefen führte und ihm zuletzt mehr schenkte, als er erbat. Ein ermutigendes und faszinierendes Glaubenszeugnis.

## Höre, was ich nicht sage
Die Aufdeckung unserer verschlüsselten Verhaltensweisen
128 Seiten, kartoniert

Häufigste Ursache von Mißverständnissen und Konflikten sind unsere Verschlüsselungen. Wir sagen nicht, was wir denken, und wir tun nicht, was wir sagen. Aus Angst vor Ablehnung maskieren wir uns. Das ist zwar normal und schützt vor Angriffen, doch führt der hohe Energieaufwand des ständigen Versteckspiels auch zu Fehlleistungen, charakterlichen Verformungen und verräterischen Verhaltensweisen. Das Buch gibt Hilfestellungen zur besseren Einsicht in die Hintergründe menschlicher Nöte und zu einem versöhnlichen Umgang miteinander.

## Zur Unterscheidung der Geister
Wege zum geistlichen Leben
128 Seiten, kartoniert

Es gibt Leute, die Gott suchen und froh sind, wenn sie ihn nicht finden, weil sie sonst ein kompromißloses und konsequentes Leben führen müßten. Wer ihn aber gefunden hat, weil er ehrlich suchte, bekommt hier praktische Anregungen für lebendige christliche Lebensgestaltung. Darüber hinaus zeigt der Autor normale und krankhafte Erscheinungsformen geistlichen Lebens und beschreibt die Folgen echter Spiritualität.

# Jörg Müllers erstes Kinderbuch
# – für große und kleine Kinder

*Illustriert von Florian Huber,*
*28 farbige Seiten, großformatiger*
*Pappband, gebunden*

»Ein Kernstück christlicher Botschaft, umgesetzt in eine heitere Geschichte, deren Anklänge an Guareschis Roman vom Verfasser, einem promovierten Pater und Psychotherapeuten, beabsichtigt sein dürften. Mit fröhlichen, hellen Bildern illustriert, ein rundum gelungenes religiöses Bilderbuch ohne Frömmelei und dogmatische Enge. – Für alle empfehlenswert.«
ekz-Informationsdienst